2020 리츠가 온다

부동산으로 꾸준히 고수익을 내는 새로운 방법

2020 리츠가 온다

초판 1쇄 2020년 3월 1일
초판 2쇄 2020년 5월 15일

지은이 이광수 윤정한
펴낸이 서정희
펴낸곳 매경출판㈜
책임편집 권병규
마케팅 신영병 김형진 이진희 김보은
디자인 김보현 김신아

매경출판㈜
등록 2003년 4월 24일(No. 2-3759)
주소 (04557) 서울시 중구 충무로 2(필동1가) 매일경제 별관 2층 매경출판㈜
홈페이지 www.mkbook.co.kr
전화 02)2000-2631(기획편집) 02)2000-2636(마케팅) 02)2000-2606(구입 문의)
팩스 02)2000-2609 **이메일** publish@mk.co.kr
인쇄·제본 ㈜M-print 031)8071-0961
ISBN 979-11-6484-082-3(03320)

이 도서의 국립중앙도서관 출판예정도서목록(CIP)은 서지정보유통지원시스템 홈페이지(http://seoji.nl.go.kr)와
국가자료공동목록시스템(http://www.nl.go.kr/kolisnet)에서 이용하실 수 있습니다.
(CIP제어번호: CIP2020004155)

✦ 부동산으로 꾸준히 고수익을 내는 새로운 방법 ✦

2020 리츠가 온다

이광수 윤정한 지음

매일경제신문사

2020년 이후 부동산 투자는 완전히 달라져야 한다

나는 투자를 업으로 삼고 있다. 산업과 기업을 분석하고 주식을 전망하며 부동산 시장을 말한다. 어느 주식을 사거나 팔아야 하는지, 부동산 시장이 어떻게 변화할 것인지를 이야기해야 한다. 투자자들에게 올바른 정보를 제공하고 투자에 성공하기 위한 길을 안내해야 한다. 그러나 솔직히 시시각각 한계에 부딪히곤 한다.

예상과 다르게 움직이는 주가, 급변하는 기업 실적, 갑자기 변동하는 금리, 예측하지 못한 부동산 정책, 도저히 쫓아갈 수 없는 투자심리를 바라보면서 과연 투자를 위한 미래 예측이 가능하긴 한 건지 반문하지 않을 수 없다. 결국 투자도 운에 달려 있는 것인가?

서울대 김영민 교수는 '추석이란 무엇인가'라는 글에서 위기 상황에 직면하면 근본적인 질문을 던지라고 조언한다. 저자도 근본적인 질문을 던진다. 투자란 무엇인가?

투자는 미래를 대상으로 하는 것이다. 과거나 현재를 대상으로 하는 투자는 없다. 그런데 미래는 예측할 수 없다. 설령 어떤 상황을 잘 맞혔다 하더라도 대부분은 운일 가능성이 높다. 이처럼 예상할 수 없는 미래에 투자하기 위한 유일한 방법은 '대응'이다. 변화에 순응하고 유연하게 생각해야 하는 이유다.

미래는 예측하는 것이 아니라 대응하는 것이다

투자는 대응의 영역이다. 섣부른 예측과 전망으로 투자를 결정하고 심리에 쫓겨 우왕좌왕하지 말아야 한다. 미래 예측이 가능하다는 오만한 생각으로 투자하는 건, 어찌 보면 동전 던지기를 하는 것과 다를 바 없다. 하지만 투자를 '미래에 대응한다'는 개념으로 생각한다면, 동전 던지고 운을 비는 일은 이제 그만해도 좋다.

그렇다면 대응은 어떻게 해야 하는가?

첫 번째로 실력이 큰 영향을 미치는 투자 분야를 선별해야 한다. 운보다 실력에 따라 투자 성과가 달라질 수 있는 분야를 찾으란 얘기다. 도박이나 복권은 절대 투자가 될 수 없다.

두 번째는 '당연한 것'에 대한 관심을 가져야 한다. 앞서 미래를 예측할 수 없다고 말했다. 그러나 분명하게 예측할 수 있는 것들이 있다. 내일은 해가 뜨고 질 것이다. 일주일 후에도 지구는 태양 주위를 돌 것이고, 추운 겨울이 지난 후 봄이 올 것이며, 사람은 누구나 노화할 것이다. 이렇듯 당연히 예측할 수 있는 데이터를 바탕으로 투자해야 한다.

마지막으로 어떤 상황이 와도 대처 가능한 투자를 선택해야 한다. 사람들은 '경제 위기가 올 것이다' 혹은 '대호황이 올 것이다'라고 예측하며 투자를 결정하곤 한다. 그러나 불황과 호황의 전조를 눈치채고 그 시기를 맞혀 미리 움직일 수 있는 사람들이 얼마나 있을지 의문이다. 경기가 나빠지든 좋아지든 또는 그 외 어떤 예상치 못한 변화에 직면하든지 간에 유연하게 대응 가능한 투자를 선택해야 한다.

┃ 그래서 리츠다

일단 투자자로서 운보다 실력으로 승부할 수 있는 투자처를 찾기 위해선 '해당 분야에 대한 이해가 쉬워야 한다'는 전제조건이 필요하다. 어려우면 어려울수록 정확한 분석에 의한 예측이 힘들고 운에 맡기게 되는 경우가 많아진다.

또한 해가 뜨고 지는 것처럼 자본주의에서도 '당연히' 발생하는 법칙들이 있다. 그 중 하나가 '돈의 양은 계속 많아진다'는 것이다. 돈의 양이 많아지지 않으면 우리가 몸담고 살아가는 자본주의가 제대로 굴러갈 수 없다. 양이 많아지면 돈 가치는 하락하게 된다. 당연히 물건의 가격은 계속 비싸질 수밖에 없다. 어릴 때 500원 하던 짜장면 값이 지금은 5,000원을 훌쩍 넘고 있다. 맛의 차이와는 별개로 말이다.

그러나 단기적으로 보면 물가 상승, 즉 인플레이션만 발생하는 건 아니다. 통화량이 급격히 늘어나 물가가 오르는 인플레이션 뒤에는 반드시 디플레이션이 온다. 신용에 의해 만들어지는 돈의 양이 최고점에 이르렀을 때 다시 디플레이션이라는 절망을 만나게 된다. 자본주의에서 호황과 불황이 반복되는 이유다. 때문에 호황과 불황에 따라 유동성을 확보할 수 있는 투자여야 한다.

△이해하기 쉽고 △장기적으로 꾸준히 가격이 오르며 △유동성을 확보한 것. 이 세 가지 모두에 해당하는 투자 분야가 있을까? 물가가 지속적으로 오르는 상황에서 가장 먼저 떠오르는 건 부동산 투자다. 물가에 대응할 수 있는 가장 쉬운 투자 방법이기 때문이다. 그러나 부동산 투자는 불황이 오면 심각한 피해를 입게 된다. 우리는 미국 서브프라임 사태를 통해 경기 불황일 때 부동산 시장이 얼마나 충격을 받을 수 있는지 목격했다. 불황이 오면 유독 부동산에서 큰 손실을 보는 이유는 유동성이 부족하기 때문이다. 거래비용과 단위가 크기 때문에 갑작스러운 변화에 민첩하게 대응하기 어렵다. 거대한 공룡이 다른 종에 비해 가장 먼저 멸망한 것처럼 말이다.

그렇다면 유동성을 확보하고 있으면서도 이해하기 쉬운 부동산 투자는 없을까? 답은 바로 리츠REITs다. 리츠는 언제나 사고 팔 수 있으며 이해하기도 쉽다. 이제부터 리츠에 대한 이야기를 하고자 한다. 일반 대중을 위해 최대한 쉽게 설명하려고 애썼다. 그리고 실제 적용 가능한 투자 방법, 투자 종목에 대해 분석했다. 이 책이 설명하는 대로 리츠에 투자한다면 예측할 수 없는 정책 변화나 운이 아닌, '실력에 따라 투자 결과가 충분히 달라질 수 있다'는 소중한 경험을 하게 될 것이다.

한국 가계자산 중 70% 이상은 실물 부동산 투자에 집중되어 있다. 과연 예측할 수 없는 미래에 맞서 상황에 따라 적절하게 대응할 수 있는지 반문해보지 않을 수 없다. 최근 몇 년간 서울을 중심으로 부동산 가격이 빠르게 상승하면서 실물 부동산 투자에 대한 기대감이 더욱 커져가고 있다. 화창한 여름 이후에는 반드시 혹독한 겨울이 온다는 당연한 진리를 알면서도 모두들 여름이 지속될 것이라고 예측한다.

그러나 우리는 살아남아야 한다. 생존을 위해서는 예측보다 대응에 초점을 맞추고 새로운 변화에 대한 고민을 해야 한다. 지금 이 순간 리츠에 대해 꼭 이야기해야 할 이유기도 하다. 변화해야 할 시점이다. 그래야 새로운 계절을 기쁜 마음으로 맞이할 수 있다.

CONTENTS

Part 4

글로벌 상장리츠에 주목하라

Part 5

2020년 이후 투자, 새로운 관점이 필요하다

PART ——1

리츠 투자하기
가장 알맞은 때가 왔다

리츠 열풍,
이제 시작이다

2019년 한국 주식시장에 한 줄기 뜨거운 바람이 불었다. 당시 우울했던 주식시장에 열풍을 일으킨 사건은 바로 '리츠 상장'이었다. 롯데리츠와 NH프라임리츠가 상장되는 첫 날 상한가를 기록했다. 10월에 일반 청약이 진행된 롯데리츠는 일반 투자자 배정 물량 3,000만 주에 대한 청약 경쟁률이 63.28대 1에 달했다. 청약에 몰린 증거금만 4.8조 원이 넘었다. 11월에 진행된 NH프라임리츠는 롯데리츠보다 높은 경쟁률을 기록했다. 경쟁률은 317:1에 달했고 증거금은 무려 7.7조 원을 넘어섰다. 최근 리츠에 대한 투자자들의 뜨거운 관심을 나타내는 수치다. 그러나 불과 1년 전에 공모 상장한 신한알파리츠는 우량한 부동산 자산임에도 불구하고 청약경쟁률이 높지 않았다. 신한알파리츠가 상장된 2018년에는 리츠에 대한 대중의 관심이 크지 않았기 때문이다.

한국뿐만이 아니다. 2019년 미국, 일본, 싱가포르 등 상장리츠의 주가 상승률이 여느 해보다 높았다. 2019년 글로벌리츠의 주가 상승과 배당을 포함한 전체 수익률은 21.4%에 달했다. 2018년 -5.6%에 불과했던 수익률이 크게 상승한 것이다.

리츠에 대한 투자자들의 관심이 증가하고 있다. 우리나라는 이제 막 공모리츠에 대한 관심이 커지고 있지만 많은 국가에서 리츠는 오랫동안 우월한 투자자산으로 인식되고 있다. 미국에서는 5명 중 한 명이 리츠에 투자하고 있으며 호주는 연금 자산 상당 비율이 리츠 투자에 집중되어 있다. 싱가포르에서 리츠는 예금보다 더욱 친숙한 저축 방법이다.

한국에서 리츠는 아직까지 생소한 개념이다. 그러나 향후 리츠는 중요한 투자자산으로 성장할 가능성이 크다. 특히 실물 부동산 투자가 과도한 상황에서 리츠의 출현은 새로운 변화를 의미한다. 지금껏 우리나라에서 '부동산 투자'라 하면 실물 자산을 보유하면서 가격상승으로 발생한 이익이 중요한 투자 동기였다. 그러나 앞으로는 자본이득보다 안정적인 임대, 배당수익이 우선시되는 패러다임 전환기가 올 것으로 전망한다. 따라서 리츠는 부동산 투자 포트폴리오에서 중요한 역할을 할 것으로 기대된다.

리츠REITS는 'Real Estate Investment Trusts'의 약자다. 단어의 뜻 그대로 '다수의 투자자로부터 자금을 모아 부동산에 투자한 다음 임대료나 매각 차익을 분배 받는 투자'를 말한다. 쉽게 말하면 돈을 모아 부동산에 투자한 이후 수익을 나누는 투자라고 할 수 있다.

리츠가 처음 생긴 나라는 미국이다. 미국에서 1960년 부동산 투자신탁법Real Estate Investment Act이 제정되고 미국 의회에서 일정 요건을 갖춘 리츠에 법인세를 면세하는 법안이 통과되면서 리츠가 시작되었다. 이후 호주, 일본, 싱가포르 등으로 확산되었다.

리츠는 몇 가지 유형으로 나눌 수 있다. 우선 부동산 투자회사법에 따라 자기관리리츠와 위탁관리리츠, 기업구조조정리츠 3가지로 구분할 수 있다. 자기관리리츠는 자산운용 전문인력을 포함한 임직원을 상근으로 두고 자산의 투자, 운용을 직접 수행할 수 있는 회사다. 위탁관리리츠는 자산의 투자, 운용을 자산관리회사에 위탁한다. 기업구조조정리츠는 재무구조 개선과 회생절차에 따라 매각하는 부동산을 투자대상으로 하며 자산의 투자 운용은 자산관리회사에 위탁한다.

한국에서는 현재 위탁관리리츠 비중이 가장 크다. 국토교통부 자료에 따르면 2018년 기준 219개 국내리츠 중에서 위탁관리리츠가 184개로 전체 리츠 중 87%를 차지하고 있다. 위탁관리리츠 비중이 큰 이유는 장점이 많기 때문이다. 상대적으로 설립이 용이할 뿐만 아니라 안정적인 배당으로 투자자 확보가 쉽다. 또한 법인세 부담이 없기 때문에 배당가능이익도 상대적으로 크다.

리츠는 또한 설립형태에 따라 사모형과 공모형으로 나눌 수 있다. 공모형은 일반 투자자를 대상으로 자금을 모집하는 형태다. 반면 사모형이란 특정 소수의 투자자들로부터 자금을 모집한다. 대부분의 국가에서는 상장을 전제로 리츠에 세제혜택을 부여하고 있다.

주요국의 리츠 중 상장리츠 비중이 90%를 넘는 이유다. 반면 한국의 리츠는 초기에 기업 구조조정을 위해서 도입되었다. 따라서 기업구조조정리츠에 공모, 분산의무 특례가 주어지고 기관투자자 중심의 사모 형태가 활성화되면서 공모리츠 시장이 커지지 못했다. 앞으로는 설립이 용이하고 법인세가 면제되는 위탁관리리츠와 세제혜택이 강화되는 공모리츠 시장이 본격 확대될 전망이다. 개인 투자자 입장에서 리츠에 주목해야 하는 이유이기도 하다.

리츠는 무엇인가? 다시 쉽게 정의하자면 리츠는 '부동산 투자를 주식처럼 하는 것'이라고 말할 수 있겠다. 소액으로 부동산을 분할 매수할 수 있는 장점을 가지고 있다. 뿐만 아니라 안정적인 배당수입도 가능하다. 물론 단점도 가지고 있다. 그러나 분명한 것은 한국의 리츠 시장이 점점 커지고 있다는 점이다. 중요한 투자자산으로 받아들이고 이제부터 준비를 해야 한다.

리츠 투자 전
반드시 알아야 할
몇 가지

오랫동안 한국에서는 리츠가 활성화되지 못했다. 리츠에 대한 일반인들의 이해도가 낮은 이유기도 하다. 2019년 말 기준 한국 주식 시장에 상장된 리츠는 총 7개에 불과하다. 리츠가 대중화되지 못했다는 대표적인 증거다. 유사한 시기에 리츠 제도가 도입된 일본은 상장리츠가 60여 개에 달하고 싱가포르는 45개가 넘는다.

한국에서는 리츠가 대중화되지 못했기 때문에 그에 대한 일반인들의 이해도도 낮은 상황이다. 따라서 리츠 투자를 본격적으로 시작하기 전, 몇 가지 중요한 질문을 통해 리츠의 본질에 대해 고민해 볼 필요가 있다.

부동산 직접 투자와
공모리츠가 다른 점은 무엇인가?

리츠도 부동산을 매입하고 운영하고 매도하기 때문에 일반 실물 부동산 투자와 유사한 측면이 있다. 그러나 몇 가지 측면에서 크게 다른 점이 있다. 우선 유동성이다. 부동산 투자는 유동성이 크게 제한된다. 즉 쉽게 팔고 살 수 없다는 얘기다. 물론 의지에 따라 빠른 매매가 불가능한 건 아니나 거래비용과 세금 등을 고려하면 유동성이 현저하게 떨어진다고 볼 수 있다. 반면 공모리츠는 주식시장에 상장되어 있기 때문에 언제든지 사고 팔 수 있다. '유동성이 확보된 부동산 투자'라고 볼 수 있다.

리츠는 부동산 소액투자가 가능하다. 2019년 국내 주식시장에 상장된 롯데리츠는 롯데쇼핑이 사용하고 있는 백화점 등 부동산에 투자할 수 있다. 부동산 투자임에도 불구하고 한 주에 6,000원(2019년 12월 말 기준) 정도 가격으로 소유권을 확보할 수 있다. 소액으로 분할 투자가 가능하다는 얘기다. 매일 6,000원씩 부동산을 나누어 살 수도 있다. 이에 반해 실물 부동산은 소액 투자가 사실상 불가능하다. 서울 아파트는 매매 평균가가 9억 원에 이른다. 차입을 감안하더라도 서울 아파트에 투자하기 위해서는 최소 5억 원 이상의 자금이 필요하다.

실물 부동산 투자와 리츠는 세금에서도 큰 차이를 보인다. 상세하게 다시 살펴보겠지만 실물 부동산 투자를 위해서는 세금을 많이 내야 한다. 취득세, 보유세, 양도세 등을 합산하면 부동산에 투자할 때 상당한 세금이 지출되는 것이 일반적이다. 반면 리츠는 투자하는 데 세금이 크지 않다. 또한 세금도 배당세와 소득세 정도라 이익에 기반한 세금이 대부분이다. 일반 부동산 투자처럼 이익 없이 내는 세금 즉 일반적인 취득세나 보유세가 부과되지 않는다. 물론 리츠도 간접적으로 부동산 보유 세금을 부과 받을 수는 있으나 실물 부동산 투자 세금과 비교할 때 미미한 수준이다.

리츠는 본질적으로 부동산 투자임에도 불구하고 실물 부동산 투자와 유동성, 투자금 규모, 세금 등에서 차이를 보인다. 투자자 성향 또는 시장 상황에 따라 장단점이 달라질 수 있으나, 분명한 건 리츠는 실물 부동산 투자가 가지고 있지 못한 장점을 가지고 있다는 것이다.

일반 부동산 투자는 매각 차익을 얻을 수 있는데 리츠도 가능한가?

한국에서 일반적으로 부동산 투자를 하는 이유는 매각 차익이 크기 때문이다. 대표적으로 아파트의 경우가 그렇다. 부동산 투자에서는 대부분 매각 차익을 기대한다. 반면 리츠는 배당(임대) 수익을 목적으로 하기 때문에 매각 차익에 대한 기대가 크지 않다. 그러나 리츠도 보유한 부동산을 매각하여 수익이 발생하면 주주들에게 배당해야 한다.

리츠는 기본적으로 배당가능이익에 대해 90% 이상을 배당해야 하는 의무를 가지고 있다. 부동산 매각 차익은 당연히 배당가능이익에 포함된다. 따라서 리츠 투자를 통해 부동산 매각 이익도 기대할 수 있다. 반면 미국 리츠의 경우 배당가능이익에서 부동산 매각 차익이 제외된다. 배당가능이익은 순수한 임대를 통한 수익에서만 계산된다. 부동산 매각 차익이 배당에서 제외될 수도 있다. 그러나 많은 경우 매각 차익도 특별배당이라는 이름으로 주주에게 배당되거나 자사주매입 등 주주환원정책으로 쓰이고 있다.

주목할 것은 일반 부동산 투자와 다르게 리츠는 주식과 같이 매일 거래가격이 바뀐다는 것이다. 즉 매각 차익이 매일 바뀔 수 있다. 리츠가 보유한 부동산 가격이 오르면 거래되는 가격에 반영되어 주가가 상승할 가능성이 크다. 물론 반대로 보유한 부동산 가격이 하락하면 주가도 하락할 수 있다. 따라서 리츠는 주가에 부동산 가치가 반영되고 언제라도 사고 팔 수 있게 된다. 리츠가 일반 부동산 투자에 비해 가치 반영이 빠른 이유다.

아파트 가격은 매주 바뀔 수 있다. 그러나 거래는 불가능하다. 아파트의 경우 투자 목적일 때 평균 6년 이상을 보유한다고 한다. 향후에는 양도세법 개정으로 보유기간과 거주기간이 강화되면서 보유기간이 더욱 길어질 전망이다. 부동산 가치가 상승하면서 실제로 가치에 반영되고 실현되는 시간을 고려하면 투자 차원에서 리츠가 일반 부동산 투자보다 훨씬 월등함을 알 수 있다.

시대가 바뀌고 있다. 과거는 절대 미래를 이야기해주지 않는다. 과거는 교훈을 줄 뿐이다. 자동차가 보급되는 데는 약 30년이 걸렸다. TV는 20년 PC는 15년 그리고 인터넷은 약 10년이라는 시간이 필요했다. 산업 사이클이 빨라지고 있다. 여기서 알 수 있는 건, 경제도 세상도 빨리 변화하고 있다는 점이다. 막연한 기다림이 미덕이 되는 시대는 끝나가고 있다.

높은 배당을 주는 주식도 많은데 왜 리츠인가?

리츠에 투자하는 목적은 '높은 배당'보다 사실 '안정적인 배당'에 있다. 높은 배당만을 기준으로 이야기한다면 리츠보다 높은 배당을 주는 주식도 많기 때문에 리츠만의 특별한 장점이라고 말할 수 없다. 반면 안정적인 배당이라면 리츠는 다른 어떤 투자상품보다 월등하다. 그 이유는 우선 배당가능이익의 90% 이상을 무조건 배당해야 하기 때문이다. 즉 리츠가 얻는 수익은 무조건 주주들에게 배당해야 한다. 배당하지 않으면 법인세가 부과되고 제재를 받을 수 있다. 매년 발생하는 이익 중 일부를 주주 의결을 통해 회사 자체적으로 결정하는 일반 주식과는 배당 안정성이 다르다.

뿐만 아니라 배당 재원도 매우 안정적이고 예측 가능한 구조를 가지고 있다. 리츠가 배당재원으로 활용하는 배당가능이익은 대부분 임대 수익에서 나온다. 부동산 임대는 대부분 장기 계약을 기반으로 한다. 미국 상장리츠의 경우 평균 잔여 임대기간이 6년 이상이다. 즉 6년 동안 안정적으로 임대료를 받을 수 있다는 말이다.

일반적으로 주식 투자를 할 때 가장 어려운 것이 향후 기업 이익을 추정하는 일이다. 2019년 삼성전자 영업이익은 약 27조 7,000

억 원 정도다. 2018년에 비해 50% 이상 감소한 이익이다. 이러한 이익 감소를 2년 전에 예측한 애널리스트가 있었을까? 단 한 명도 없었다고 단언한다. 그만큼 상장회사 이익을 추정하는 데는 현실적인 한계가 존재한다. 그러나 리츠는 장기적인 이익 추정이 가능하다. 안정적인 임대 수익을 기반으로 하기 때문이다. 물론 서브프라임과 같은 일시적인 큰 환경 변화가 발생하면 이익이 크게 변동될 수도 있다. 그러나 흔치 않은 예다.

결국 리츠는 배당수익을 목적으로 하지만 고배당을 주는 주식과 다르게 '의사 결정에 따라 배당액이 달라지지 않는다'는 점과 '장기적으로 안정적인 배당 추정이 가능하다'는 장점을 가지고 있다. 이러한 면에서 배당수익의 안정성은 주식보다 월등하다는 판단이다. 반면 주식보다 배당 증가 가능성은 제한적일 수 있다. 상장 회사의 이익은 크게 변동될 수 있기 때문에 이익 증가로 배당이 단기간에 증가할 가능성도 충분하다. 리츠는 임대료가 안정적이기 때문에 단기에 빠른 배당 증가를 기대하기는 무리가 있다. 리츠 배당이 안정적인 반면 증가 속도는 일반 상장 주식보다 더딘 이유다.

공모리츠와 부동산펀드가 다른 점은?

리츠와 부동산펀드는 개인투자자가 소액으로 부동산 투자를 할 수 있다는 공통점을 갖춘 상품이다. 그러나 직접적인 투자 대상에 차이가 있다. 투자자 입장에서 보면 리츠는 부동산 투자회사에 투자하지만 부동산펀드는 실물 자산에 투자한다. 리츠는 주식을 발행해 자금을 모집하고 부동산이나 부동산 관련 증권에 투자한 이후 임대료와 매각 차익을 배당해 주는 회사다. 즉 부동산 투자회사 지분을 주식처럼 매입하여 이익을 주주끼리 공유하는 것이다. 반면 부동산펀드는 투자자가 조합을 결정하여 오피스, 물류 부동산 등을 직접 매입한다.

리츠와 부동산펀드의 차이점은 유동성이다. 부동산펀드는 통상 3년 이상의 만기로 이루어진 폐쇄형 상품이다. 펀드가 부동산을 매입해 매각하는 시점까지 투자자는 하나의 조합을 이룬다. 따라서 펀드가 청산되는 시점까지 환매가 불가능하며 불가피하게 환매하는 경우 환매수수료가 높은 경우가 많다. 부동산펀드와 다르게 공모리츠는 주식시장에 상장되어 있기 때문에 사고 파는 것이 자유롭다. 일반 주식거래와 같은 방법으로 자유롭게 매매가 가능하고 환매수수료도 없다.

다른 점은 또 있다. 부동산펀드는 통상 한 개의 펀드에 하나의 자산을 편입한다. 부동산펀드와 다르게 리츠는 여러 자산을 보유할 수 있다. 2019년 상장된 롯데리츠는 4개의 백화점, 2개의 쇼핑센터, 2개의 아웃렛으로 이루어져 있다. 해외 리츠는 많은 경우 200개 이상의 부동산을 보유하고 있기도 하다. 부동산펀드가 하나의 실물 자산에 투자한다면 리츠는 다양한 자산에 분산 투자하는 효과를 볼 수 있다.

리츠도 주식처럼 시세가 변동되는가?

리츠의 본질은 부동산 투자임에도 불구하고 주식처럼 시장가격이 지속 변동된다. 따라서 시세 변동에 유의할 필요가 있다. 2019년 글로벌 리츠 주가가 과거 대비 크게 상승했다. 이유는 금리가 인하되면서 리츠에 대한 투자자들의 관심이 커졌기 때문이다. 리츠 투자의 본질은 부동산에 투자하고 임대료를 통해 배당을 추구하는 것이다. 따라서 안정적인 투자 수익을 얻기 위해서는 실물 부동산과 같이 장기 투자가 필요하다.

리츠에 대한 장기 투자가 필요함에도 불구하고 주식처럼 단기로 변동되는 시세는 지속적인 투자를 방해하는 요소다. 아예 고려하지 않을 수 없지만 단기 시세 변동에 민감하게 반응하기보다 장기적 관점으로 보는 자세가 필요하다. 반면 시세가 지속 변동하기 때문에 투자 기회를 제공하기도 한다. 주가가 하락하면 부동산 본질 가치와 주식 거래 가치(시가총액)의 차이가 커지면서 저렴하게 부동산을 매입할 수 있다.

부동산은 분명 장기 투자가 필요하다. 그럼에도 불구하고 시세가 매일 변화하는 리츠회사 주가는 투자자에게 혼란을 줄 수 있다. 부동산에 장기 투자하기 위해서 리츠 주식을 매입했는데 실제로 주식처럼 매일 주가가 변한다면 심리가 흔들릴 수 있기 때문이다. 이러한 점에서 리츠 투자에 성공하기 위한 전략이 필요하다. 이 점은 뒤에서 다시 살펴보도록 하겠다.

▎ 배당 지급은 언제 하는가?

리츠 배당은 주식 배당과 같이 결산기 말에 배당하는 기말(결산) 배당과 분기 단위로 배당하는 분기배당, 사업연도 중간에 배당하는 중간배당으로 나눌 수 있다. 배당은 이사회(정기주총) 결의를 통해서 결정된다. 일반적으로 리츠는 결산일(연간)보다는 분기 단위 또는 중간배당이 주로 이루어진다. 부동산 투자의 특성상 월간 임대료를 받게 되고 주주들도 연간배당보다 중간, 분기배당을 더욱 선호하기 때문이다.

상장 기업과 리츠회사의 이익과 현금흐름은 차이점을 가지고 있다. 일반적인 상장 기업은 이익과 현금흐름이 다른 경우가 많다. 매출이 발생하더라도 사업 구조상 현금 유입이 바로 일어나지 않기 때문이다.

그러나 부동산 임대가 매출의 대부분인 리츠는 매출과 이익이 현금흐름과 동반하여 발생한다. 따라서 현금흐름이 단기간에도 양호한 경우가 대부분이다. 또한 추가적으로 부동산 자산 매입을 하지 않는다면 일반적인 보수, 수리 비용 이외에 투자가 크지 않은 사업이다. 일반 기업과 다르게 분기, 중간 배당이 자유로운 이유다.

리츠를 통해 부동산 투자를 하면 실물 부동산의 임대료 수입처럼 일정기간 안정적인 배당을 받을 수 있다. 동일한 구조일 수 있으나 임대료 수입과 리츠 배당은 차이점이 있다. 실물 부동산에 투자한 이후 임대료를 받기 위해서는 지속적인 관리가 필요하다. 임차인뿐만 아니라 건물 상태, 세금, 수수료 등 신경 쓸 일이 많다. 리츠 투자는 유사한 임대 배당을 받을 수 있음에도 불구하고 관리 차원에서 매우 손쉽다. 임차인을 관리할 일도 없으며 건물에서 물이 새는지 세금을 얼마나 내야 하는지 신경쓰지 않아도 된다. 대신 주차장 관리는 직접 할 수 없다는 단점이 있다.

리츠가 실물 부동산 투자보다 나은 6가지 이유

리츠를 이해했다면 리츠 투자의 장점을 쉽게 파악할 수 있다. 잊지 말아야 할 건, 리츠와 주식의 투자 방식은 동일하지만 그 둘은 본질적으로 다르다는 사실이다. 리츠는 부동산에 투자하는 것이다.

현재 투자자 자산의 70%가 부동산, 30%는 주식에 투자되어 있다고 가정하자. 리츠 투자를 확대하기 위해서 주식을 매도하고 리츠 주식을 매입하는 것은 올바른 투자 포트폴리오 구성이 아니다. 실물 부동산에 투자되어 있는 70%를 쪼개어 리츠에 투자하는 것이 현명한 방법이다. 리츠는 주식 투자가 아니라 부동산 투자이기 때문이다. 이러한 점에서 리츠가 가진 부동산 투자로서의 장점을 다시 한 번 고려할 필요가 있다.

| 전문가들이 대신 운용해준다

실물 부동산을 인수하거나 운영할 때 쉽지 않은 일들이 많이 발생한다. 본인이 직접 운영하거나 능력 있는 누군가의 도움을 얻어야 한다. 결코 쉬운 일이 아니다. 그러나 리츠는 부동산에 투자하면서 큰 노력을 더하지 않아도 훌륭한 성과를 거둘 수 있다. 최근 한국에 상장되어 있는 공모리츠 운용 전문인력들을 살펴보면 대부분 부동산 투자 전문가들이다. 물론 전문가들이 항상 좋은 투자성과를 내는 것은 아니지만, 분명히 위험을 인지하고 안정적으로 부동산을 운용할 수 있는 능력이 있다.

| 쉽고 편하다

리츠에 투자하면 부동산에 대한 일정 지분을 보유하게 된다. 이경우 가장 큰 장점은 부동산이 이미 안정적으로 운영 중이라는 사실이다. 손쉽게 부동산을 소유하고, 운영하는 데 따른 보상을 나누어 가질 수 있다. 리츠를 통해 자신이 선택한 부동산을 원하는 기간동안 부분적으로 소유할 수 있다. 또한 리츠는 유동성이 풍부하기때문에 돈이 필요할 때나 수익이 발생했을 때 언제든지 지분을 매도할 수 있다. 시장 상황에 따라 사고 싶을 때는 비싸게 살 수밖에없고 팔고 싶을 때는 심지어 팔기조차 힘든 실물 부동산 투자와 다른 장점을 보유하고 있는 것이다.

최적의 가격으로 매매할 수 있다

부동산을 매매할 때 적절한 투자 대상이나 매도자를 찾기가 쉽지 않다. 또한 적정한 가격을 산정하기 어려운 경우가 대부분이다. 부동산의 경우 매도자는 보통 자신에게 유리하도록 매매시기를 결정한다. 일반적으로 매수자가 부동산을 비싸게 사게 되는 이유이기도 하다. 모든 투자에서 중요한 건 출구전략보다 진입전략이다. 이러한 관점에서 리츠는 부동산을 투자하는 데 가장 적절한 방법이 될 수 있다. 매도자보다 매수자 입장에서 매입이 가능하기 때문이다. 리츠 투자를 통해 부동산 적정가격을 산정하는 데도 도움이 될 수 있다. 리츠는 일반적으로 가치를 산정하는 방법이 있으며 많은 전문가들의 평가도 이루어진다.

소액투자가 가능하다

부동산을 매입하기 위해서는 작은 집이나 소규모 빌딩이라고 해도 상당한 자금이 필요하다. 리츠 투자에서는 어떤 종류의 부동산이라 할지라도, 그것이 크거나 작거나 위치가 어디이거나 상관없이 지금 당장 투자할 수 있다. 아주 적은 자본으로도 시작할 수 있고 매달 또는 매년 조금씩 자본을 투자해서 부동산을 매입할 수 있다. 소액 투자를 다양하게 할 수 있다는 점은 그만큼 불확실성과 리스크가 적다는 의미로도 해석할 수 있다.

매몰비용이 적다

서울에서 아파트 가격의 중간값은 9억 원에 달한다. 문제는 가격이 아니라 비용이다. 취득세, 중개수수료 등을 감안하면 부동산을 매입하는 데 들어가는 매몰 비용이 훨씬 커진다. 뿐만 아니다. 보유하는 데 들어가는 세금 등도 부담해야 한다. 리츠를 통해 부동산을 매입하면 주식처럼 낮은 비용으로 투자가 가능하다. 자산규모가 크더라도 적은 수수료로 다수의 거래를 할 수 있다. 시간이 지나 부동산 가치가 상승하면 거래와 보유 관련 비용 비중은 오히려 낮아진다. 평가금액이 커질수록 보유세를 더 많이 내야 하는 실물 부동산과 다르다. 거래 비용과 보유하는 데 들어가는 세금이 낮다는 건 리츠의 매우 큰 장점이다.

국내외 다양한 부동산 투자가 가능하다

리츠를 통하면 국내외 어떤 부동산이든 손쉽게 지분을 보유하고 투자할 수 있다. 당연히 소액 투자도 가능하며 우량한 부동산을 편하게 매입할 수 있다. 다양한 부동산에도 투자할 수 있는 장점을 가지고 있다. 미국 상장리츠를 보면 전통적인 거주나 오피스 부동산뿐 아니라 최근 들어 투자수익률이 매우 높은 물류 부동산, 데이터센터에도 투자할 수 있다. 심지어 병원, 기숙사, 교도소에도 투자가 가능하다. 개인이 실물로 투자한다고 하면 실제로 물류나 데이터센터에 투자할 수 있는 방법이 거의 없다. 그러나 리츠를 통해서는 언제든지 다양한 부동산에 분산 투자할 수 있다.

PART———2

공모리츠 시대
생존방법

공모리츠
시대가 왔다

2020년 1월 현재 국내 상장리츠는 7개에 불과하고 시가총액은 2조 원에 못 미친다. 그러나 앞으로는 공모리츠가 본격적으로 활성화될 전망이다. 저금리로 유동성이 확대되면서 리츠에 대한 투자자들의 관심이 커지고 있고 정부의 적극적인 공모리츠 활성화 정책으로 정부 지원도 본격화될 전망이다.

우리나라에 처음 리츠가 도입된 해는 2001년이다. 그해 4월 부동산 간접투자기회 제공 및 부동산 시장의 활성화를 위해 부동산투자회사법이 제정되면서 본격적으로 도입되었다. 그러나 2019년까지 공모리츠는 활성화되지 못했다. 비슷한 시기에 리츠를 도입한 일본(2000년), 싱가포르(2002년), 홍콩(2003년)과 비교하면 공모리츠 시장이 미미했다.

한국에서 공모리츠 시장 확대가 더뎠던 이유는 부동산 간접 투자에 대한 개인들의 관심이 크지 않았기 때문이다. 부동산 투자라고 하면 자본 이익(매매차익)을 얻을 수 있는 아파트와 상가건물이 대부분이었다. 따라서 공모리츠를 통한 부동산 간접 투자에 대한 인식이 낮았다. 뿐만 아니라 공모리츠에 대한 투자자의 신뢰도도 낮았다. 몇몇 공모리츠가 상장 폐지되는 일이 벌어지기도 했다. 대표적으로 2010년 상장된 다산리츠는 경영진의 배임행위가 발생하면서 상장 9개월만인 2011년 6월에 상장 폐지되었다. 당시 대표인 조모씨가 재직기간 동안 개인채무를 변제하기 위해 사문서를 위조하고 배임행위를 했다. 2010년 상장된 골든나래리츠도 주가조작행위가 발생하면서 상장 폐지되었다.

부족한 인식, 낮은 신뢰도뿐 아니라 공모리츠 시장 활성화를 위한 정부의 정책 노력도 부족했다. 공모 상장리츠 시장 규모가 큰 나라를 살펴보면 대부분 정부가 정책 혜택을 통해 시장 활성화에 힘써왔다. 대표적인 것은 세제혜택과 부동산 자산 확보를 용이하게 하기 위한 정책이다. 이러한 관점에서 최근 한국에서 일어나는 변화에 주목할 필요가 있다.

우선 부동산 투자에 대한 인식이 바뀌고 있다. 단순한 매매 차익보다는 운영을 통해 수익을 올리는 자산에 관심이 커지고 있다. 불확실한 매매 차익이 아닌 안정적인 임대 수익을 원하는 수요가 늘고 있는 것이다. 투자 패러다임이 전환되고 있는 상황이다. 특히 저금리시대가 도래하면서 수익형 부동산 투자, 안정적인 임대료 수익에 대한 인식이 달라지고 있다.

공모리츠에 대한 신뢰도도 높아지고 있다. 특히 대기업을 중심으로 한 AMC_{Asset Management Company}가 설립되면서 투자자들의 신뢰도가 매우 커졌다. 신한알파리츠는 신한지주, 롯데리츠는 롯데그룹, NH프라임리츠는 농협이 각각 지분을 확보하고 AMC를 운영하면서 투자자들이 믿고 투자할 수 있는 환경이 만들어지고 있다.

향후 공모리츠 활성화를 예상하면서 가장 주목되는 건 정부의 적극적인 정책 지원이다. 이미 구체적인 공모리츠 활성화 정책이 나왔으며 관련 법들도 속속 입법화되고 있다. 이러한 지원책은 향후 더욱 강화되고 가속화될 전망이다.

유명한 미국 투자자 중 한명인 제시 리버모어는 그의 저서 《주식투자의 기술_{How to trade in stocks}》에서 "정부와 맞서지 말라"라는 유명한 말을 했다. 투자할 때 정부 정책을 유의해서 참고하라는 말로 해석할 수 있다. 문재인 정부는 실물 부동산 투자에 대해 꾸준히 규제를 강화하고 있다. 반면 리츠 투자는 적극적으로 활성화시켜 나가고 있다. 투자자 입장에서 정부 정책의 변화와 의지를 관심있게 지켜볼 필요가 있다.

공모리츠 활성화 정책

2019년 9월, 정부는 공모형 부동산간접투자 활성화 방안을 발표했다. 리츠를 대표로 하는 공모 부동산 간접투자를 활성화하여 안정적으로 국민소득을 증가시키고 가계 유동성을 생산적인 부분으로 흡수하겠다는 계획이다. 활성화 방안의 주요 내용을 살펴보면 향후 한국 공모리츠 시장의 방향성을 읽을 수 있다는 판단이다.

우선 공모리츠와 부동산펀드에 우량 신규 자산을 공급한다. 공공시설의 민간사업자 선정 시, 공모리츠 또는 부동산펀드 사업자에게 우대 조치를 마련하여 우량 공공자산을 우선 공급할 계획이다. 예를 들면 역사 복합개발, 역세권, 복합환승센터 등 공공자산 개발 또는 시설 운영의 민간사업 선정 시에 공모리츠 사업자를 우대한다는 방안이다. 정부가 제시한 공공자산 개발에는 도시재생뉴딜사업, 도시첨단산업단지 산업용지 우선 공급 대상, 신도시 내 자족용지 공급, 대형 물류시설 용지 등이 있다.

그동안 한국에서 공모리츠와 부동산펀드가 빠르게 성장하지 못한 이유 중 하나는 우량한 부동산 자산을 확보하기 어려웠기 때문이다. 부동산 개발을 위한 토지는 대부분 정부가 소유권을 가지고 있고, 운영 중인 부동산은 대부분 사모펀드 중심이었다. 따라서 신규로 공모리츠와 부동산펀드가 출시되고 성장하기에 한계가 있었다. 이러한 점에서 앞으로 정부가 보유한 우량 부동산을 공모리츠와 부동산펀드가 개발하고 운영할 수 있도록 지원한다면 시장 활성화에 크게 기여할 수 있을 것이다. 세제 등 직접적인 지원과 혜택도 중요하지만 장기 성장을 위해서는 우량 부동산 확보가 가장 중요하다. 정부의 우량 공공자산 공급 방안이 무엇보다 눈에 띄는 이유다.

또한 공모리츠나 부동산펀드에 투자하는 개인 및 기업 투자자에 대한 세제 혜택이 이뤄질 예정이다. 우선 부동산 간접투자에 5,000만 원 한도로 일정기간(예시 3년) 이상 공모리츠, 부동산펀드 또는 재간접리츠, 부동산펀드의 주식, 수익증권에 투자하여 발생한 배당소득에 대하여 분리과세(세율 9%)가 적용된다.

세제 혜택을 통해 이미 활성화된 사모 부동산펀드 대비 공모리츠와 부동산펀드의 경쟁력을 강화할 방침이다. 이뿐 아니라 공모리츠 또는 부동산펀드가 100% 투자하는 사모리츠, 부동산펀드에도 재산세 분리과세가 적용되며, 이에 더해 취득세 감면을 추진한다. 또한 기업이 보유한 부동산을 공모리츠로 유도하기 위해 현물출자 과세특례 적용기한을 3년 연장할 계획이다. 다양한 세제 혜택을 통해 공모리츠의 인센티브를 강화한다는 계획이다.

조세특례 제한법이 개정되어 공모리츠에 대한 세제 혜택은 2020년부터 본격적으로 시행된다. 또한 근로자퇴직급여보장법 시행규칙이 개정되어 DC(확정기여)/IRP 퇴직연금의 리츠 직접투자도 허용된다. 직접적인 세제혜택은 공모리츠 인식 확대에 도움이 될 것으로 예상된다.

투자자가 안심하고 투자할 수 있는 여건도 마련된다. 일정 규모 이상의 자산을 보유한 상장리츠에 대해서는 전문신용평가 기관의 신용평가를 받고 평가결과가 공시된다. 또한 리츠, 부동산펀드에 투자하는 앵커리츠를 조성하여 개인들의 안정적 참여를 유도할 계획이다. 주택기금여유자금, 금융기관, 연기금 등이 출자하는 앵커리츠를 블라인드 방식으로 조성하여 다수의 공모 자(子)리츠, 펀드 출현을 견인할 계획이다.

상품의 다양화 및 사업성 강화를 위해 규제를 합리화하겠다는 계획도 가지고 있다. 공모 재간접 리츠가 자산 80% 이상을 사모리츠, 부동산펀드에 투자하는 경우 재간접리츠와 사모리츠, 부동산펀드의 투자자 합산에서 제외할 계획이다. 그동안은 공모 재간접 리츠가 사모리츠, 부동산펀드에 10% 이상 투자하는 경우 사모리츠, 부동산펀드의 투자자 수를 공모와 합산해야 했다. 이에 따라 공시 등 강제 의무가 발생하여 투자사례가 많지 않았다. 따라서 투자자 합산에서 제외하게 될 경우 사모리츠 편입이 확대될 전망이다.

또한 부동산, 특별자산 재간접펀드의 사모리츠에 대한 투자 한도를 현행 10%에서 50%로 확대한다. 공모리츠, 부동산펀드에 입지규제 최소구역 활용, 개발밀도 완화, 입체복합 개발 등을 통해 사업을 강화할 계획이다. 현재 사모리츠가 큰 상황에서 공모리츠가 사모리츠에 투자할 수 있는 한도를 확대하면 공모리츠 시장이 빠르게 확대되는 데 크게 기여할 수 있다는 판단이다.

정부는 향후에도 세제혜택으로 개인들의 공모리츠 투자를 확대하고, 우량한 자산 확보를 통해 공모리츠의 투자 수익성을 높여준다는 계획이다. 상세한 공모리츠 활성화 정책을 파악하는 것도 중요하지만 더욱 중요한 건 정부의 의도를 읽어야 한다는 점이다.

정부는 저금리 시대 유동성 확대에 따른 부동산 시장 과열을 우려하고 있다. 저성장 국면에서 실물 부동산 가격의 과도한 상승은 나라 경제에 부정적인 영향을 미칠 수 있다. 그 예를 우리는 일본에서 지켜봤다. 저성장으로 인해 저금리와 유동성 확대가 불가피한 상황에서, 정부는 실물 부동산 가격 상승을 억제하고 생산적인 곳으로 유동성을 유도하고자 한다. 그 대표적인 방법이 공모리츠와 부동산펀드다.

공모리츠는 가계 소득 안정화에 도움을 줄 뿐 아니라 국내 경제 성장에 기여할 수 있다. 미국의 경우 공모 상장리츠가 활성화되면서 고용증가 및 건설투자 확대에 기여했다. 과거 미국에서는 리츠를 통해 해마다 100만 명 이상의 일자리가 생겨났다. 또한 한창 활성화되었던 시기에는 1조 달러 이상의 건설투자가 리츠를 통해 이루어졌다. 통계 자료에 의하면 한국에서 리츠 1개당 파생되는 일자리 수는 50개라고 한다. 리츠의 사회, 경제적 기여를 감안할 때 향후 정부의 공모리츠, 부동산펀드에 대한 적극적인 지원이 지속될 가능성이 크다.

좋은 공모리츠를
골라내는 방법

공모리츠를 시작할 때 알아야 할 중요 사항이 있다. 우선 배당이다. 리츠에 투자하는 가장 큰 이유는 안정적인 수익을 얻을 수 있는 부동산 투자가 가능하기 때문이다. 이러한 점에서 임대 수익을 통해 이뤄지는 배당은 매우 중요하다. 다음으로 배당이 근원적으로 이루어지는 투자 부동산에 대한 분석이 필요하다. 리츠가 보유하고 있는 투자 부동산의 위치, 현재 상태를 파악해야 한다. 투자 차원에서 보유한 투자 부동산의 가치 변화 가능성도 주목할 필요가 있다. 주가 변동의 원인이 되기 때문이다. 안정성 차원에서 AMC_{Asset Management Company}와 주주에 대한 파악도 필요하다. 상대적으로 경험이 많고 우량한 주주와 AMC가 리츠회사 성장에 도움이 될 수 있기 때문이다.

마지막으로 리츠 투자의 밸류에이션_{Valuation}(가치평가)에 대해서 알아둘 필요가 있다. 리츠는 주식과 부동산 투자 성격을 동시에 가지고 있기 때문에, 주식 평가방법과 부동산 평가방법을 혼용하는 독특한 밸류에이션 기법이 필요하다. 따라서 리츠에 대한 평가방법은 주식 또는 부동산과 다르게 분리해서 검토해볼 필요성이 있다.

배당수익률은 몇 %인가?

리츠에 투자하는 가장 큰 이유는 안정적인 배당수익이다. 따라서 리츠에 투자하기 전 현재 주가 기준 배당수익률이 얼마인지 검토할 필요가 있다. 배당수익은 연간 배당액을 현재 주가로 나누어서 계산한다. 예를 들어보자. 편의상 2019년 12월 30일 기준 롯데리츠(330590) 주가 6,160원으로 계산해본다. 임대 수익으로 예상되는 배당액은 주당 300원이다. 따라서 배당수익률은 4.9%다. 공모가격 5,000원 기준으로 배당수익률이 6%에 달했으나 상장 이후 주가가 오르면서 배당수익률이 낮아졌다. 즉 주가 수준에 따라서 배당수익률이 변경된다는 것이다. 투자자는 이와 같은 배당수익률 변화를 주의 깊게 고려해야 한다.

한국 공모리츠의 경우 배당재원은 리츠가 운영하는 투자부동산의 배당가능이익에서 창출된다. 배당가능이익 중 90% 이상을 의무 배당해야 한다. 따라서 배당가능이익을 추정할 수 있다면 자연스럽게 배당액과 배당수익률도 계산할 수 있다. 배당가능이익은 대부분 임대 수익을 통해 창출되기 때문에 일반 상장기업보다 추정하기 용이하다.

반면 미국의 경우 90% 배당 의무가 있는 수익은 임대 수익에 국한된다. 한국에서는 임대 수익뿐만 아니라 자산 매각 이익도 배당 가능이익에 포함된다. 그러나 미국 리츠는 임대 수익만 90% 이상의 의무 배당 요건이 있고 자산 매각 이익에 대해서는 리츠회사가 유보할 수 있다.

운용하는 투자 부동산은 무엇인가?

리츠가 보유하고 운용하는 투자 부동산이 무엇인지 정확하게 파악해야 한다. 부동산의 종류와 사용 용도를 분석해야 한다. 가장 중요한 건 안정적인 임대 수익을 받을 수 있냐 하는 점이다. 안정적인 임대 수익의 핵심은 '임차인이 누구인지', '임대 기간은 몇 년인지', '현재 임대료는 얼마인지' 파악하는 것이다.

투자 부동산을 분석할 때는 무엇보다 입지가 가장 중요하다. 그러나 입지를 정확히 분석하는 데는 한계가 있다. 따라서 사용 승인일 혹은 건립 연도를 관심 있게 봐야 한다. 오래된 부동산일수록 입지가 상대적으로 좋을 가능성이 높기 때문이다. 도시가 확장되는 모습을 상상해보면 간단하다. 구도심에서 시작해 신도시로 확장되는 모습이다. 뉴욕 맨해튼은 아무리 오랜 시간이 흘러도 미국과 세계의 중심 역할을 이어갈 것이다.

지금 현재 부동산의 사용 용도도 중요하다. 상장된 리츠는 대표적으로 오피스, 유통, 주거시설, 물류, 관광용으로 나눌 수 있다. 용도 분석을 통해 임대 안정성과 부동산 가치에 대해서도 판단할 수 있다. 최근 유통시장에서 이커머스E-commerce 비중이 확대되면서 전통적인 유통 산업에 대한 전망이 예전만큼 밝지 못하다. 리츠가 운용하고 있는 부동산의 용도가 유통이라면 이러한 리스크를 충분히 감안해야 한다.

그러나 분명히 인식해야 할 것은 리츠는 부동산 투자라는 점이다. 예를 들어 주식 투자로 유통회사 주식을 보유하고 있다면 변화 가능성이 적을 수 있다. 그러나 현재 마켓으로 사용되고 있는 부동산은 변화 가능성이 있다. 미국의 대표적인 유통 상장리츠인 킴코리얼티Kimco Realty는 유통업이 부진하자 마켓이 운영되고 있는 땅에 주거시설을 지어 영업을 전환하고 있다. 즉 리츠는 부동산 투자이기 때문에 용도 변경이 가능하다는 점에 주목해야 한다. 현재 어떤 시설로 운영되고 있느냐는 점도 중요하지만 변화 가능성도 충분히 감안해야 한다는 얘기다.

리츠는 실물 부동산뿐만 아니라 부동산 지분 증권도 보유할 수 있다. 대표적인 예로 NH프라임리츠는 서울 주요 오피스 지분 증권을 보유하고 있다. 실물 부동산을 보유한 리츠와 이처럼 지분 증권에 투자한 리츠는 다른 점이 존재한다. 우선 지분 증권을 보유하고 있는 리츠는 실물 부동산을 보유한 리츠보다 수수료 부담이 크다. 지분 증권 운영 수수료를 지불해야 하기 때문이다. 또한 지분 증권은 만기가 존재한다. 반면 실물 부동산에 투자한 리츠는 보유하는 데 만기가 존재하지 않는다.

부동산 가치 상승이
가능한가?

부동산 투자에서 가치 상승은 중요한 문제다. 리츠도 마찬가지다. 보유한 투자 부동산 가격이 향후 상승할 수 있는지에 대한 고민이 필요하다. 장기적으로 보면 우량 부동산은 지속적으로 가격이 상승한다. 주목할 것은 지금껏 경기변동에 덜 민감하고 지속적으로 가치가 상승하는 부동산을 구분해 보면 주로 건물보다는 토지였다는 점이다. 건물은 공급이 지속 증가한다. 그러나 토지는 공급이 제한되어 있다. 결국 토지는 지대 추구가 지속적으로 가능하다. 토지 관점에서 리츠가 보유한 부동산 가치 상승을 분석할 필요가 있다. 2019년 상장된 롯데리츠의 경우 지방에서 운영되고 있는 백화점과 마트, 아웃렛이 포함되어 있다. 토지 투자 관점에서 투자자들의 우려가 컸던 이유다. 그러나 추가적으로 강남 롯데백화점이 포함되면서 투자자들이 호응이 커졌다. 땅을 부동산 가치의 본질로 파악한다면 같은 용도로 사용되고 있더라도 위치에 따라 가치가 크게 달라질 수 있다.

또한 현재 평가 받고 있는 시가총액과 부동산 가치를 비교해야 한다. 현재 리츠 시가총액이 보유한 부동산 가치보다 현저하게 할인되고 있다면 향후 주가 상승 가능성이 높기 때문이다. 따라서 정확하게 보유 부동산 가치를 평가해야 한다. 부동산 가치평가 방법에 대해서는 이후 다시 언급하기로 하겠다.

AMC와 주주는 누구인가?

리츠는 투자자(주주)를 대신해 부동산을 운영하는 회사가 존재한다. 바로 자산관리회사, 즉 AMC_{Asset Management Company}다. AMC는 부동산 투자 대상 선정부터 리츠 설립 및 영업인가, 자금 조달, 부동산 매입 및 관리처분, 청산 등 투자 전 과정을 명목회사 형태인 리츠를 대신하여 담당하는 회사를 말한다.

리츠에 투자할 때 AMC의 신뢰도를 미리 점검해볼 필요가 있다. 명목회사 리츠를 대신해 부동산 투자와 관련된 모든 행위를 하기 때문에 AMC의 신뢰도에 따라 리츠 투자 수익률이 달라질 수 있다. 따라서 AMC에 대한 신뢰도 측정이 필요하다.

공모에 성공한 리츠의 공통점은 AMC에 대한 투자자들의 신뢰가 높았다는 것이다. 신한알파리츠의 AMC는 신한리츠운용이다. 신한리츠운용은 신한금융지주회사가 100% 출자하여 설립했다. 2019년 상장된 롯데리츠의 AMC 또한 롯데지주가 100% 출자하여 설립한 자산관리회사다. NH프라임리츠 AMC는 NH농협리츠운용으로 농협금융지주가 100% 지분을 보유하고 있다. 신한, 롯데 그리고 농협이 운영하는 AMC는 투자자들로부터 신뢰를 얻었고 뜨거운 공모 청약 경쟁으로 이어졌다.

AMC와 주주에 대한 분석도 필요하다. 상대적으로 우량한 주주

일수록 장기 보유하는 경향이 있고, 향후 유상증자가 필요할 때에
도 지속적인 유동성 공급이 가능하다. 성장하는 리츠는 지속적인
유상증자를 통해 우량한 부동산을 매입한다. 향후 한국 상장리츠도
대부분 유상증자가 예정되어 있다. 주식의 경우 일반적으로 유상증
자를 결정하면 주가가 하락하기 마련이다. 발행 주식이 증가하면서
주가 희석이 불가피하고 증자 대금 사용처가 불확실하기 때문이다.
그러나 리츠는 투자 대상 부동산을 확정하고 유상증자에 나서기 때
문에 주가 희석 우려가 크지 않다. 따라서 유상증자 자체로 주가에
부정적인 영향을 받을 이유가 없다. 이처럼 심리에 크게 좌우되지
않고 안정적인 장기 투자가 가능한 주주 구성이 투자에 유리한 환
경을 제공한다.

▎ 가치평가

리츠는 부동산 투자가 목적임에도 불구하고 지속해서 주가가 변
동된다. 따라서 현재 거래되고 있는 리츠 주가에 대한 적정성에 대
해 고민해야 한다. 리츠도 주식처럼 가치평가Valuation가 필요한 이유
다. 리츠는 주식 투자 성격뿐만 아니라 본질적으로 부동산 투자 성
격을 가지고 있기 때문에 주식과 부동산 가치평가 방법을 적절하게
혼합해 사용해야 한다.

리츠에 대한 가치평가는 기본적으로 5가지 수치를 통해 계산할
수 있다. 배당수익률Dividend Yield, FFOFunds From Operations, AFFOAdjusted Funds
From Operations, NAVNet Asset Value 그리고 배당할인Dividend Discount이다. 가치

평가를 이야기하기 전, 이들 수치에 대한 정확한 이해가 필요하다.

배당수익률은 현재 거래되고 있는 주가에서 리츠 주당 배당금을 통해 계산된다. 예를 들어 현재 리츠가 주가 5,000원에 거래되고 있고, 리츠 연간 주당 배당금이 300원이라고 하면 배당수익률은 6%다. 배당수익률은 주가에 따라서 항상 변화할 수 있음을 유의해야 한다.

FFO는 순이익Net Income에 감가상각비Depreciation/Amortization를 합산한 이후 자산 매각을 통한 손익을 제외하여 계산한다. FFO를 계산하는 이유는 주주 입장에서 배당을 통해 얻을 수 있는 지속 가능한 이익을 산출하는 데 있다. 따라서 회계적 비용인 감가상각비를 더해주고 일회성 성격을 가지고 있는 자산 매각 손익을 제외한다. 주당 FFO도 계산할 수 있다. FFO를 주식수로 나누어주면 된다. 주당 FFO는 주식 투자에서 쓰이는 EPSEarning Per Share와 유사한 개념이다.

이해를 돕기 위해 FFO를 실제로 계산해 보자. 국내에 상장된 신한알파리츠(293940)의 포괄손익계산서를 보면 제3기(2019년 4월 1일부터 2019년 9월 30일까지) 당기순이익이 59억 원이다. 다음으로 현금흐름표를 보면 제3기 감가상각비가 24억 원이다. 자산 매각 사실이 없었기 때문에 신한알파리츠의 6개월간 FFO는 83억 원(당기순이익 59억 원+감가상각비 24억 원)으로 계산된다. 같은 기간 지급된 배당금은 81억 6,933만 원이었다.

엄밀히 말해서 FFO는 현금흐름과 다른 의미를 가지고 있다. 일반적으로 공시되는 현금흐름은 해당기간 리츠의 현금흐름 상황을 측정할 수 있다. 그러나 FFO는 '현금유입으로 해석할 수 있으나 일회성인 것을 제외한' 정상적이고 일상적인 영업활동으로 창출되는 현금흐름만을 의미한다고 볼 수 있다.

FFO가 부동산 밸류에이션에서 유용하게 사용될 수 있는 이유는 투자자 입장에서 배당수익을 예상할 수 있을 뿐만 아니라 정확한 가치를 판단할 수 있게 도와주기 때문이다. FFO는 리츠의 실제 가치를 부정확하게 해석할 수 있는 비용중심 회계 방법을 보완한다. 회계기준에 의하면 모든 부동산 투자자산은 시간이 지나면 감가상각을 해야 한다. 그러나 대부분의 부동산 자산은 실제 시간이 지나가면서 가치가 상승하기 때문에 가치를 산정하는 데 감가상각을 적용하는 것은 적절치 않다. 따라서 이 문제를 해결하기 위해 FFO를 계산할 때 순이익에 감가상각비를 더해 계산하는 것이다.

최근에는 FFO에서 한걸음 더 나아가 AFFO를 통해 부동산 운영 수익을 계산한다. FFO를 조정Adjusted한 AFFO는 FFO에 임대료 증가분과 반복적으로 발생하는 자본지출 그리고 유지관리 비용 등을 감안한 개념이다. 따라서 AFFO는 FFO보다 배당 가능 현금에 더욱 가까운 지표일 수 있다. 최근 AFFO가 FFO보다 더욱 확실한 지표로 사용되고 있는 이유다.

AFFO= FFO+임대료 증감-자본지출-유지관리 비용

NAV는 순자산 가액을 의미한다. 부동산 가치를 계산한 이후 '이자 비용이 나가는 차입금'을 제외해 계산할 수 있다. 차입금은 가치가 고정되어 있어 고민할 필요가 없다. 따라서 NAV에서 가장 중요한 건 '보유한 부동산 가치를 어떻게 계산하느냐'이다.

일반적으로 적용되는 부동산 가치 판단은 감정평가를 이용해서 이루어진다. 공인된 감정평가기관이 정기적으로 보유 부동산을 평가하고 자산 가치를 측정한다. 구체적인 부동산 감정평가 방법에 대해서는 뒤에서 다시 다루기로 한다.

일반적으로 부동산 가치 판단은 거래가격 비교와 절대 가치 방법으로 나눌 수 있다. 유사한 부동산 거래 가격과 비교해 부동산 보유 가치를 판단하거나 부동산 운용을 통해 얻는 수익을 통해 부동산 가치를 측정한다. 물론 투자 차원에서 더욱 정확한 가치 판단은 운용 수익을 통한 방법이다.

NAV=부동산 가치(감정평가)-차입금

배당할인은 투자 부동산을 통한 배당을 추정하여 가치평가한다. 향후 기대되는 미래 현금흐름(배당)을 '이 현금흐름의 위험을 반영하는 할인율'로 할인한 현재가치를 말한다. 이 때 사용되는 할인율은 부동산 투자 위험에 대응하여 투자자가 기대하는 최저필수이익률인 자기자본비용Cost of equity이다. 배당은 이미 정해져 있기 때문에

할인율 결정이 매우 중요하다. 금융에서 자기자본비용은 투자자들이 다른 투자를 포기하고 특정 리츠에 투자했을 때 이에 따른 위험의 대가로 요구하는 최소한의 기대수익률을 말한다. 자기자본비용을 가장 효과적으로 추정할 수 있는 방법은 다양한 이론들이 있지만 일반적으로 자본자산가격결정모형CAPM을 따른다.

지금까지 알아본 배당수익률과 FFO, AFFO, NAV, 배당할인 등 5가지 수치를 이용해 리츠 주식을 평가할 수 있다. 우선 유사리츠이용법The Method of Comparable은 평가대상이 되는 리츠와 비교해 유사하다고 판단되는 다른 리츠의 배수를 평가 리츠에 적용함으로써 가치평가하는 방법이다. 상대가치평가법Relative Valuation이라고도 부른다. 유사리츠이용법에 의한 가치평가는 다음과 같은 절차에 따라서 이루어진다.

① 평가대상이 되는 리츠와 유사한 투자 부동산, 영업 및 재무적 특성을 갖고 있는 기업, 즉 유사리츠Comparable REITs를 선정한다.

② 배수 산정에 사용될 지표FFO, AFFO, NAV를 선정하고 이에 관한 유사기업의 배수를 계산한다.

③ 산정된 유사 리츠의 배수를 평가리츠의 지표에 곱하여 평가대상리츠의 가치를 추정한다.

리츠의 (상대)가치=유사기업의 P/FFO × 리츠의 주당 FFO

이때 P/FFO, P/AFFO, P/NAV가 사용될 수 있다(P는 주가). 예를 들어 리츠의 가치를 유사기업의 P/FFO를 이용하여 평가한다면 다음과 같이 추정할 수 있다(FFO는 AFFO, NAV로 바꾸어 사용될 수 있다).

여기서 사용되는 FFO는 일반적으로 예측치가 사용된다. FFO 대부분은 임대 수익에서 창출되기 때문에 주식보다 상대적으로 예측하기 쉽다. 유사리츠이용법을 사용하여 리츠를 평가하는 방법은 간단하다. 이러한 편리함 때문에 투자분석실무에서 자주 사용되고 있다.

이러한 비교법과 다르게 리츠에 대한 가치는 부동산을 통한 운영수익과 개발 중인 자산 가치 그리고 기타 유휴자산의 합으로 계산될 수 있다. 이러한 절대 가치 측면의 리츠 가치평가에서 가장 중요한 것은 부동산 운영수익의 가치를 계산하는 것이다. 여기서 부동산 운영수익 가치는 NAV 또는 배당할인으로 계산될 수 있다.

리츠의 (절대)가치=부동산 운영수익 가치+개발 중인 자산 가치+유휴자산

상장되어 있는
공모리츠
7종 분석

한국 주식시장에 상장되어 있는 리츠는 2020년 초 현재 7개 종목이다. 7개 중 가장 먼저 상장된 리츠는 에이리츠이고, 이후 케이탑리츠, 모두투어리츠, 이리츠코크랩, 신한알파리츠가 상장되었다. 2019년에는 롯데리츠와 NH프라임리츠가 상장에 성공했다.

상장리츠에 투자하는 방법은 매우 쉽다. 현재 상장되어 있는 리츠는 증권신고서나 투자설명서를 확인해 투자의사결정을 한 이후 주식처럼 증권사 계좌를 통해 거래하면 된다. 공모되는 리츠는 청약증거금을 납부하고 공모주관사 계좌를 통해서 청약을 실시하면 된다. 경쟁률에 비례해서 공모 청약 이후 주권을 교부 받게 된다.

상장된 리츠에 투자하거나 공모에 참여할 때 기본적이면서 가장 중요하게 확인할 것은 예상 배당수익률, 투자부동산 현황, 재무 구조, 가치평가, AMC와 주주 현황이다.

한국에서 상장된 공모리츠 현황

단위: 십억 원, %

종목명	종목 코드	시가 총액	순자산	예상 배당 수익률	투자부동산 현황	AMC
이리츠 코크렙	88260	426.29	261.05	5.42%	뉴코아 야탑점, 일산점, 평촌점	코람코 자산운용
에이 리츠	140910	23.23	32.4	미정	삼성생명 상계/광명빌딩 (지분증권), 다산진건 공공 주택지구, 영등포구 문래동 6가 공동주택 신축사업	자기 관리
케이탑 리츠	145270	43.52	65.07	미정	송파 에이제이빌딩, 화정빌딩 등 8개 빌딩 및 문정동 토지	자기 관리
모두투어 리츠	204210	24.18	42.01	미정	스타즈호텔 명동1호점, 명동2호점, 독산점, 동탄점	자기 관리
신한알파 리츠	293940	374.37	278.57	3.40%	판교 크래프톤 타워, 용산 더프라임타워	신한리츠 운용
롯데 리츠	330590	1,049.01	431.21	5.29%	롯데백화점 강남점 포함 백화점 4개동, 롯데마트 4개동, 롯데아웃렛 2개동	LOTTE AMC
NH 프라임 리츠	338100	113.64	24.66	4.20%	서울스퀘어빌딩, 잠실SDS 사옥, 삼성물산 서초사옥, 강남N타워(지분증권)	NH농협 리츠운용

* 회사별 자료 참고, 예상 배당수익률은 증권신고서상 목표 배당금액 참고

▌롯데리츠

2019년 10월 30일 상장된 롯데리츠는 시가총액 1조가 넘는 대형 공모리츠다. 공모금액 기준 목표 배당수익률은 6.6%(2020년)이었으

며 자산규모는 1.5조 원이다. 롯데리츠가 보유하고 운용하는 투자 부동산은 백화점 4개, 마트 4개, 아웃렛 2개로 이뤄져 있다. 2020년 초 현재, 주가 변동으로 인해 배당수익률은 공모 시점보다 하락한 상황이다. 투자 부동산 현황은 다음과 같다.

- 롯데백화점 강남점: 서울시 강남구 대치동에 위치하고 있으며 지하 3층, 지상 9층 규모 백화점으로 이용되고 있다. 분당선 한티역 출구 전방에 위치해 있고, 강남의 대단위 주거단지와 인접해 있는 것이 장점이다.

- 롯데백화점 구리점: 위치는 경기도 구리시 인창동 677이며 도보 2분 거리에 중앙선 구리역이 있다. 향후 지하철 8호선 연장이 계획되어 있으며 상업건물이 밀집되어 있다. 규모는 지하 5층, 지상 9층이다.

- 롯데백화점 광주점: 광주광역시 동구 대인동 7-1에 위치한 롯데백화점 광주점은 지하 6층 지상 12층 건물이다. 광주 1호선 금남로 5가역과 도보 5분거리에 입지하고 있으며 1km 내외로 광주 최대 상업지가 구성되어 있다. 향후 내남도시개발구역 등 14만 세대 입주가 예상되어 있어 주택지역 근접효과가 기대된다.

- 롯데백화점 창원점: 경상남도 창원시 성산구 상남동 79번지에 위치한 건물이다. 40만 명 이상의 배후 주거인구를 보유하고 있고 창원중동 도시개발사업이 이뤄지고 있는 상황이다. 규모는 지하 5층, 지상 6층이다.

- 롯데마트 의왕점: 위치는 경기도 의왕시 내손동 743번지다. 해당 부동산은 의왕시 및 안양시 내 주거단지 밀집 지역에 입지하고 있다. 주변 경쟁 시설로는 이마트 평촌점, 홈플러스 평촌점, 홈플러스 안양점 등이 있다. 마트는 지하 1층, 지상 6층으로 운영되고 있다.
- 롯데마트 서청주점: 대형마트와 아웃렛으로 운영되고 있으며 충청북도 청주시 흥덕구 비하동 811번지에 위치해 있다. 규모는 지하 2층, 지상 5층 규모이다. 중부고속도로 서청주 IC 인근에 위치해 아웃렛 수요층 흡수가 용이하고 주거인구 유입도 가능한 위치다.
- 롯데마트 대구 율하점: 대구광역시 동구 율하동 1117번지에 위치한 대형마트와 아웃렛 시설이다. 지하 2층과 지상 6층으로 이루어져 있다. 대구 1호선 율하역과 연결되어 있고 부산-대구 중앙고속도로 동대구 IC 근처에 입지하고 있다. 향후 인근에 대구안심뉴타운 준공이 예정되어 있다.
- 롯데마트 장유점: 경상남도 김해시 대청동 300번지에 위치하고 있으며, 지하 1층, 지상 5층으로 이뤄져 있다. 김해 본 시가지로 연결되는 금관대로 대로변 및 장유 IC 인근에 위치하고 있다. 또한 장유율하택지개발지구 내에 입지해 있다.

신한알파리츠

신한알파리츠는 판교에 위치한 크래프톤 타워와 용산 더프라임

타워를 기초자산으로 하는 오피스 리츠로 2018년 8월 상장되었다. 순자산 규모는 2,773억 원 수준이며 시가총액은 3,000억 원을 상회한다. 국내 공모리츠 활성화에 선도적인 역할을 하고 있다. 투자 부동산 현황은 다음과 같다.

- 판교 크래프톤 타워: 경기도 성남시 분당구 분당내곡로 117에 위치해 있다. 건물 규모는 지하 7층, 지상 15층으로 이뤄져 있다. 현재 업무와 판매시설로 운영되고 있다. 업무시설로는 블루홀, 스노우, 네이버 등과 임대차 계약을 맺고 있고, 판매시설은 매머드 커피, 무인양품, 보바비, 판교밸런스 치과, 신한은행, 이마트24 등과 임대차 계약이 이루어진 상태다. 건물은 판교 중심지로 판교역과 지하로 연결되어 있고 판교 현대백화점 상권 내에 위치해 있다.
- 용산 더프라임 타워: 서울 용산구 원효로90길 11에 위치한 지하 6층, 지상 30층 건물이다. 지하철 1호선 남영역에서 도보 3분 거리다. 현재 신한생명보험, 유베이스, 트랜스코스모스, DB생명, MG손해보험, 모두투어 등이 임차인으로 구성되어 있다.

▎ 이리츠코크랩

이랜드리테일이 운영하고 있는 5개 점포(NC 야탑, 일산, 평촌 등)를 보유·운영하고 있는 리테일 리츠다. 순자산은 2,668억 원 규모이며 현재 시가총액은 3,953억 원 수준이다. 2018년 6월에 상장되었으며 이랜드그룹이 앵커로 참여했다. 상장 당시에는 국내 최대 공모 리츠였다. 상장 시점에는 일산, 평촌, 야탑 NC 3개 점을 소유한 상 태로 상장했다. 이후 상장 자금으로 2001아웃렛 중계, 분당점을 편 입시켜 대형 쇼핑몰 5개점을 운영하고 있다. 뉴코아 3개점은 직접 소유한 형태이며 2001아웃렛 2개점은 KB와이즈스타제6호 위탁관 리리츠의 보통주 100%를 취득함으로써 간접 소유한 형태다. 투자 부동산 현황은 다음과 같다.

- NC 야탑점: 경기도 성남시 분당구 야탑동에 위치한 지하 7층, 지상 8층 쇼핑몰이다. 분당상권의 시작지점이며 야탑역에서 도보 5분 이내로 접근성이 양호하다. 1995년 개점했고 킴스 클럽, 모던하우스가 입점하고 있으며 푸드코트 등이 다양하게 구성되어 있다.

- NC 일산점: NC 일산점은 경기도 고양시 일산동구 마두동 797에 위치해 있다. 건물규모는 지하 7층, 지상 10층이다. 1996년 개점했으며 일산신도시 중심부 입지에 있고 배후에 대형 주거단지가 있다. 쇼핑몰뿐만 아니라 영어학원, 미용실, 여행사 등이 입점되어 있다.

- NC 평촌점: 경기도 안양시 동안구 호계동 1039-3에 위치 해 있으며 건물규모는 지하 7층, 지상 12층으로 이뤄져 있다. 1998년에 개점했으며 평촌신도시 지하철 범계역과 가깝다. 2017년 10월 1층과 2층을 증축했으며 매장 전층 리뉴얼 공사 를 완료했다. 쇼핑센터 외에 치과, 소아과, 키즈카페가 운영

중이며 CGV 범계점이 입점해 있다.

간접 투자한 리츠로 2001아웃렛 분당점과 2001아웃렛 중계점이 있다(투자자산). 지하 7층 지상 8층 규모인 아웃렛 분당점은 경기도 성남시 구미동 11-1에 위치해 있다. 아웃렛 중계점은 서울시 노원구 중계동 509에 위치해 있으며 규모는 지상 8층, 지하 4층이다. 아웃렛 2개 모두 이랜드리테일이 임차인이며 임대차 계약체결일로부터 20년 임대계약이 이뤄진 상황이다.

▎ NH프라임리츠

4개의 서울 오피스 관련 증권에 투자하는 리츠다. 투자 부동산은 서울스퀘어(ARA펀드의 1종 수익증권, 투자금액 410억 원, 투자비율 46%), 강남N타워(케이비강남1호리츠의 우선주, 투자금액 195억 원, 투자비율 22%), 삼성물산 서초사옥(현대38호펀드의 수익증권, 투자금액 130억 원, 투자비율 15%), 삼성SDS타워(유경11호펀드의 수익증권, 투자금액 150억 원, 투자비율 17%)로 구성되어 있다. 서울 오피스에 재간접 투자하는 리츠다. 투자 기초자산(부동산) 현황은 다음과 같다.

- 서울스퀘어(ARA펀드): 서울시 중구 남대문로 5가 541번지에 위치한 서울 스퀘어는 서울역 역사와 연결되어 있다. 지상 23층, 지하 2층 규모로 1970년에 준공되고 2010년 리모델링되었다. 임차인은 SK해운, 11번가, 위워크, 동부제철이다. 펀드 운영기간은 2019년 3월부터 2026년 2월까지다.
- 강남N타워(케이비강남1호리츠): 강남구 역삼동 648-9에 위치한

강남N타워는 지상 25층, 지하 6층 규모다. 2018년 8월에 준공되었으며 역삼역, 강남역 34분 거리에 입지해 있다. 최근 신축된 건물로 EA Sports, KB부동산신탁, 네이버비즈니스플랫폼 등이 임차인이며, 블루보틀이 입점해 있다. 펀드 운영기간은 2018년 9월부터 2025년 8월 31일까지다.

- 삼성물산 서초사옥(현대38호펀드): 삼성화재가 100% 임차하고 있는 삼성물산 서초사옥은 지하 7층, 지상 32층으로 이루어졌다. 서울시 서초구 서초대로 74길 14에 위치에 있고 강남역사와 연결되어 있다. 2007년 12월에 준공된 오피스 빌딩이다. 삼성화재 본사로 사용되고 있으며 삼성타운 내 위치해 있다. 펀드 운영기간은 2018년 9월부터 2025년 8월 31일까지다.

- 잠실SDS타워(유경11호펀드): 서울시 송파구 올림픽로 35길 125에 위치한 잠실SDS타워는 잠실역 300미터 거리에 있다. 삼성SDS 본사로 사용되고 있으며 건물의 100%를 임차하고 있다. 2014년 5월에 준공된 오피스 빌딩은 규모는 지하 7층, 지상 30층이며 운영기간은 2019년 2월부터 2024년 1월 31일까지다.

▎모두투어리츠

모두투어리츠는 국내 여행회사인 모두투어 그룹이 2014년 설립한 자기관리, 부동산 투자회사다. 국내 최초의 호텔 앵커리츠로 1,200억 원 규모의 자산을 직접 투자, 개발, 운용하고 있으며 2016

년 한국거래소에 상장했다. 모두투어는 위탁관리리츠와 달리 상근 임직원을 두고 부동산 자산을 직접 투자하고 개발, 운용한다. 투자 부동산 현황은 다음과 같다.

- 스타즈호텔 명동 1호점: 서울 중구 을지로3가 95-7번지에 위치한 지상 10층, 지하 4층 규모의 호텔이다. 2014년 공매를 통해 232억 원에 매입했다. 지하철 2호선 및 3호선 환승역인 을지로3가역과 인접해 있고 이곳은 서울주요 도심과 연결이 용이한 지역이다. 특히 외국인 관광 선호지역인 명동까지 도보 10분 거리이며 청계천과 동대문 쇼핑타운까지 차량 10분 내 이동이 가능하다.

- 스타즈호텔 명동 2호점: 2014년 매입한 서울 중구 충무로 3가 58-8번지에 위치한 호텔이다. 매입 이후 리모델링 공사를 거쳐 현재 지상 13층, 지하 3층 규모로 운영 중에 있다. 매입가격은 230억 원이었다. 3호선 충무로역과 4호선 명동역에서 350미터 거리에 위치해 있어 대중교통 사용이 용이하다. 또한 관광특구인 명동, 동대문, 청계천, 인사동, 광화문 및 경복궁, 창덕궁에 인접해 있어 관광에 유리한 지역이다.

- 스타즈호텔 동탄점: 2016년 취득하여 현재 지상 10층, 지하 2층 규모의 호텔로 운영하고 있다. 매입가격은 170억 원이었다. 위치는 경기도 화성시 석우동 34-8번지이며 전면 10미터 도로에 접하여 있고 동탄KTX역 완공 시 대중교통 및 자동차로 접근성이 개선될 가능성이 크다. 동탄 삼성 기흥, 화성캠퍼

스가 입지한 사업지 정문 지역에 위치하고 있고 주변에 삼성 캠퍼스 및 지역난방공사 화성지사 및 한림대학교 동탄성심병원이 인접해 있다.

- 독산동 호텔: 2019년 6월 소유권을 취득하여 운영하고 있다. 서울시 금천구 독산동 1156번지에 위치해 있고 지하 3층, 지상 15층, 객실 258실 규모다. 인근 금천구청역까지 도보로 접근 가능하고 강남순환고속화도로 개통으로 강남 접근이 용이해졌다. 향후 신안산선 개통시 여의도 접근성도 개선될 전망이다. 금천구 도심활성화 지구단위 사업 계획 지역 내에 위치하고 있다.

▌ 케이탑리츠

2012년에 상장된 케이탑리츠는 상업용 건물 임대를 전문으로 하는 자기관리리츠다. 현재 9개의 투자 부동산을 보유 중이며 상업용 부동산과 주택, 개발 토지로 구성되어 있다. 소유 부동산 장부가액은 총 560억 원 규모이며 53억 원부터 420억 원까지 다양한 규모의 부동산으로 이루어져 있다. 상업용 부동산 임대뿐만 아니라 부동산 개발사업을 추진 중에 있다. 2018년 연 배당수익률은 3.92%였다. 투자 부동산 현황은 다음 페이지 표를 참고하기 바란다.

케이탑리츠 투자 부동산 현황

단위: 백만 원

부동산 명	위치	완공	취득	장부가액
쥬디스태화 본관 빌딩(2층~5층)	부산 부산진구 중앙대로 694	1983년 4월	2011년 8월	20,825
완정빌딩	인천 서구 원당대로 649	2008년 5월	2012년 6월	7,519
판교산운 아펠바움	경기도 성남시 분당구 산운로 199	2012년 7월	2013년 4월	5,294
화정빌딩	경기도 고양시 덕양구 화중로 72	2009년 11월	2013년 10월	41,899
미원빌딩 (14층/19층)	서울 영등포구 국제금융로 70	1984년 9월	2014년 3월	10,658
서초빌딩	서울시 서초구 반포대로 4길	2007년 8월	2014년 8월	19,759
김포빌딩	경기도 김포시 걸포로 6	2013년 9월	2015년 12월	16,830
문정도시개발 5BL 5-5 토지	서울시 송파구 문정	2020년 11월	2017년 12월	15,652
AJ빌딩	서울시 송파구 정의로8길 9	2015년 12월	2018년 03월	56,016

공모가
예정되어 있는
리츠

롯데리츠와 NH프라임리츠가 성공적으로 주식시장 상장에 성공하면서 2020년부터 많은 우량 리츠가 상장을 계획 중이다. 전통적인 오피스 부동산과 더불어 물류, 주거, 심지어 주유소도 상장이 예정되어 있다. 국내뿐만 아니라 해외 부동산도 상장 대열에 참여할 예정이다. 상장되는 공모리츠에 투자하는 방법은 일반 공모 주식 청약과 동일한 방법으로 가능하다. 한국 상장리츠를 통해 우량한 부동산에 투자할 수 있는 길은 더욱 넓어질 것으로 예상된다.

▌ 이지스밸류플러스오피스위탁관리부동산투자회사

서울 태평로빌딩과 제주 조선호텔 지분증권을 기초자산으로 한 이지스밸류플러스오피스리츠가 상장될 예정이다. 공모가격 기준으로 예상 배당수익률은 5.8~6%다. 자산규모는 2,271억 원 규모며 공모는 약 2,350억 원으로 예정되어 있다. 부동산 투자 대상은 다음과 같다.

이지스밸류플러스오피스는 부동산 관련 증권을 보유하고 있다. 우선 첫 번째 투자 대상은 서울시 중구 세종대로 73에 소재한 태평로 빌딩을 소유중인 이지스전문투자형사모부동산 투자신탁97호의 수익증권에 투자하여 해당 수익증권에서 지급하는 배당수익을 목적으로 투자하는 투자자산이다. 태평로 빌딩은 지하 6층, 지상 26층 규모로 2019년 8월 기준 임대율이 92.3% 수준이다. 주요 임차인은 삼성생명(임대면적의 약 15.7%), CJ대한통운(임대면적의 약 17.7%) 및 보람상조(임대면적의 약 15.7%)이다. 이외에 중국공상은행 및 현대해상화재보험 등 다양한 임차인으로 구성되어 있다.

또 다른 투자 대상은 호텔리츠 보통 주식이다. 제주 조선호텔을 선매입하는 이지스289호의 수익증권에 투자하여 해당 수익증권에서 지급하는 배당수익을 목적으로 투자하는 투자자산이다. 제주 조선호텔은 신세계조선호텔(신용등급 A0)과 20년 책임임대차 계약이 체결되어 있으며, 임대료는 호텔 연 매출액의 31%다. 또한 호텔 운영 실적에 상관없이 최소보장임대료로 연 80억 원(운영 1년차 기준, 매년 물가상승률만큼 인상되며 인상률은 최소 1.5% 최대 3.0%임)을 신세계조선호텔에서 지급받게 된다.

보유한 배당주식 예상배당금을 통해 배당수익률을 계산하면 납입자본 대비 6%대 배당수익률이 가능할 전망이다. 이후 유상증자나 공모가 이루어지면 배당수익률 5.8%가 가능할 것으로 예상된다.

케이비안성로지스틱스위탁관리부동산투자회사

경기도 안성시 원곡면에 소재한 홈플러스 안성 신선물류센터 창고시설을 매입하여 홈플러스와 장기 책임임대차 계약을 승계해 운영되는 공모리츠다. 국내 최초 공모 물류리츠가 될 전망이다. 예상 배당수익률은 매각 차익을 제외하고 7% 이상으로 추정된다. 자산 규모는 1,375억 원이며 공모는 약 465원으로 예정되어 있다. 부동산 투자 대상에 대해 좀 더 알아보자.

투자 부동산은 2012년 10월에 준공된 홈플러스 안성 신선물류센터로 창고시설이다. 경기도 안성시 원곡면 칠곡리 941에 위치하고 있다. 건물 연면적은 3만 2,824제곱미터(9,929평)다. 지하 1층과 지상 2층으로 이루어져 있다. 서안성 IC를 통해 경부고속도로 진입이 용이하기 때문에 서울, 인천 및 남부 수도권(판교, 분당 등)과 경기 중앙권 신도시(평택, 동탄 등)까지 1시간 내 도착이 가능해 접근성이 우수하다는 평가다. 또 안성시 내 물류, 유통 기능의 서부생활권에 위치하며, 주거, 업무 중심지인 안성 도심 및 대규모 공업단지가 있는 미양, 서운 지역과 인접해 있다. 고속도로망을 따라 인접 시·군의 도심이 형성되어 있으며, 평택항 및 동탄신도시, 고덕신도시 등 인근 지역 신도시 형성으로 배후 수요가 증가할 것으로 예상된다.

향후 예상되는 배당수익률은 연평균 7.42%다. 임차인은 홈플러스이고 현재 신선물류센터로 이용되고 있다. 임대차 개시일은 2012년 12월이고 기본 임대차 계약기간은 10년이다. 임대기간 종료 후 임차인은 매수청구권을 행사할 수 있고 미행사시 임대차 계약기간

이 10년 및 5년씩 자동 연장된다. 따라서 최대 임대차계약기간은
25년이다. 임대료는 연간 65억 원 수준이다.

| 마스턴투자운용서유럽리츠

마스턴투자운용은 프랑스 등 서유럽 4개 국가의 사무용 빌딩에
투자하는 리츠를 상장할 계획이다. 공모금액은 2,000억~2,500억
원으로 예상되며 대출을 포함해 약 5,000억 원 규모로 오피스 빌딩
을 매입할 예정이다. 해외 부동산에 투자하는 첫 공모리츠가 될 전
망이다. 배당수익률은 연 5~6%로 예상된다.

| 코람코에너지플러스리츠

코람코자산운용은 SK네트웍스로부터 주유소 314곳을 인수했다.
인수한 주유소 중에서 200여 개를 공모리츠로 운용할 계획이다. 국
내에서 처음 선보이는 주유소 리츠다. 주유소 200여 개의 자산규모
는 1조 원으로 추정되며 차입금을 감안할 때 상장 규모는 약 4,000
억 원 정도로 추정된다. 예상되는 배당수익률은 6% 내외다. 주유소
는 안정적인 현금 수익이 가능할 뿐만 아니라 통행량이 많은 곳에
위치해 있어 개발 잠재력을 가지고 있다는 판단이다.

| 신한서부티엔디리츠

2020년 7월 상장을 목표로 하고 있는 신한서부티엔디리츠는 서
부티엔디가 보유하고 있는 서울드래곤시티호텔과 복합쇼핑몰 스퀘

어원을 편입할 예정이다. 서울드래곤시티호텔은 2017년 10월에 용산에 문을 열었으며 객실 1,700여 개를 운영 중이다. 스퀘어원은 인천 연수구에 위치한 연면적 16만 9,000제곱미터 규모 복합 쇼핑몰이다. 서울드래곤시티가 위치한 용산은 대규모 개발 계획으로 성장 가능성이 높은 지역이고, 쇼핑몰은 현재 안정적인 임대수준을 유지하고 있다. 서부티엔디는 신한서부티엔디리츠의 앵커투자자로서 서울드래곤시티와 스퀘어원 이외에도 회사가 보유하고 있는 부지를 개발해 리츠에 담을 계획이다. 대표적으로 양천구 서부트럭터미널 부지다. AMC로 참여하게 될 신한리츠운용은 신한금융그룹의 자회사로 현재 신한알파리츠를 운용하고 있다.

▌ 트윈시티남산리츠

이지스자사운용은 CJ올리브네트웍스, 머스크 등이 임차 중인 트윈시티남산을 담은 리츠 상장을 추진하고 있다. 공모 자금조달을 통해 트윈시티남산 매입가격 2,300억 원 중 약 850억 원을 마련할 계획이다. 상장 주식 규모는 아직 미정이다. 트윈시티남산은 서울 용산에 위치한 주상복합건물로 사무용 빌딩 한 동과 오피스텔 한 동으로 이루어져 있다. 트윈시티남산리츠는 사무용 빌딩을 매입할 예정이다. 해당 빌딩은 지하 2층 지상 18층, 연면적 3만 7,555제곱미터 규모로 CJ그룹의 정보기술IT 서비스회사인 CJ올리브네트웍스와 글로벌 해운사 머스크Maersk Group가 주요 임차인으로 구성되어 있다.

켄달스퀘어리츠

홍콩 물류센터 개발·투자 회사인 켄달스퀘어로지스틱스프로퍼티스가 공모리츠 설립을 추진하고 있다. 예상되는 공모 규모는 8,000억 원에서 12조 원이다. 공모금액으로는 역대 최대 규모다. 켄달스퀘어로지스틱스는 자회사인 켄달스퀘어자산운용과 함께 보유하거나 투자한 물류센터 중 일부를 리츠에 담을 계획이다. 쿠팡, 위메프, 마켓컬리 등 전자상거래 기업이 임차하고 있는 수도권 지역 물류센터들이 편입될 예정이다. 켄달스퀘어리츠가 공모를 서두른다면 물류센터를 기초자산으로 한 최초의 리츠가 될 전망이다. 켄달스퀘어로지스틱스는 자회사 켄달스퀘어자산운용을 통해 한국 물류센터에 공격적인 투자를 확대시켜왔다. 현재 보유한 자산 중 경기 고양에 있는 물류센터는 쿠팡이 임차해 로켓배송의 중요한 거점으로 활용되고 있다. 물류 리츠는 현재 전 세계적으로 가장 각광받는 투자 부동산 중 하나다. 전자상거래가 급증하면서 물류센터 수요가 지속 증가하고 있기 때문이다.

그 외 공모 예정 리츠

하나자산위탁관리부동산투자회사: 제주, 경기도 소재 민간임대주택과 강남 등 오피스 빌딩

코람코위탁관리부동산투자회사: 타임스퀘어 업무시설

제이알자산위탁관리부동산투자회사: 벨기에 파이낸스 타워

이지스레지던스리츠: 인천 부평구 임대아파트

실전 투자,
반드시
체크해야 할 것들

리츠 투자,
본격적으로
뛰어든다

리츠에 실제로 투자하기 위해선 그에 맞는 전략이 필요하다.

우선 기본적으로 리츠 투자설명서를 자세히 읽어볼 필요가 있다. 많은 투자자들이 투자설명서나 사업보고서를 소홀히 한다. 그러나 투자설명서에는 투자 대상에 대한 자세한 설명이 포함되어 있다. 분량이 긴 것이 단점이지만 투자자라면 반드시 꼼꼼하게 읽고 투자에 참고해야 한다.

모든 투자에서는 용어가 중요하다. 투자설명서나 사업보고서를 읽기 위해서도 그렇고, 용어를 안다는 것 자체가 핵심을 이해할 준비가 되어 있다는 말이다. 리츠 용어에 대해서 다시 한 번 확실히 이해할 필요가 있다.

학습과 검토가 끝났다면 이제 본격적으로 투자에 나설 차례다. 실제로 투자할 때 구체적인 방법에 대해서 고민해야 한다. 리츠 특성에 맞게 투자 수익률을 확 높일 수 있는 방법도 있다. 어떤 투자든 마찬가지겠지만 리츠도 당연히 투자 위험이 존재한다. 여러 가지 위험에 대해 인식하고 미리 대비한 채 투자에 나선다면, 위험을 기회로 만드는 것도 충분히 가능하다.

투자설명서를 뜯어보자

모든 상장리츠는 투자설명서를 전자공시시스템(dart.fss.or.kr)에 공시한다. 리츠 공모 청약에 참여하거나 주식시장에서 리츠의 주식을 매수할 때는 공시된 투자설명서를 꼼꼼하게 살펴봐야 한다. 2019년에 상장된 롯데리츠를 통해 공모리츠 투자설명서를 읽고 투자를 판단하는 방법을 살펴보도록 하자.

모집 또는 매출에 관한 사항

우선 투자설명서 첫 부분에는 '모집 또는 매출에 관한 사항'이 나온다. "롯데리츠는 자산을 부동산에 투자하여 임대 수익 및 매각 수익을 주주에게 배당하는 것을 목적으로 설립된 회사입니다"라는 내용이 나온다. 이해가 가능한 문구다.

다음으로 "부동산 투자회사는 다수의 투자자로부터 자본을 유치하여 총 자산의 70% 이상을 부동산에 투자, 운용하여 배당가능이익의 90% 이상을 배당하는 상법상의 주식회사입니다"란 내용이 이어진다. 총 자산의 70% 이상을 부동산에 투자해야 한다는 내용이다. 여기서 총 자산은 자본과 부채를 포함한 자산을 뜻한다. 즉 리츠도 부채를 활용해 부동산 자산을 매입할 수 있다. 주목할 점은 "70%를 투자해야 한다"는 말이다. 여기서 부동산이란 실물 부동산 또는 부동산 사용에 관한 권리를 말한다. 리츠는 실제 부동산 투자뿐만 아니라 부동산 수익증권 등에 대한 투자도 가능하다.

리츠는 배당가능이익의 90% 이상을 배당해야 한다. 리츠의 배당가능이익은 순이익에 비현금 유출입 금액을 고려해 계산한다. 앞서도 설명했지만, 감가상각비는 회계적으로 인식하는 비현금유출비용이므로 순이익에 더해줘서 배당가능이익을 계산한다. 또한 부동산 매각차익이 발생했을 경우에도 배당가능 재원으로 활용된다. 반면 회계적으로 발생하는 비현금성 항목인 평가이익은 제거하고 평가손실은 더해 배당가능이익을 산출한다.

부동산 투자회사는 관리 형태에 따라 3가지로 구분할 수 있다. 롯데리츠는 부동산 투자회사의 종류 중 자산의 투자, 운용을 자산관리회사에 위탁하는 위탁관리부동산 투자회사에 해당한다. 위탁관리리츠 외에도 CR(Corporate Restructuring, 기업구조조정부동산 투자회사)리츠와 자기관리리츠로 구분할 수 있다.

자기관리리츠는 부동산 투자회사법 제2조에 "자산운용전문인력을 포함한 임직원을 상근으로 두고 자산의 투자, 운용을 직접 수행하는 회사"로 정의되어 있다. 자산관리 및 운용기능이 부동산 투자회사 내부에 있기 때문에 책임소재가 명확하다는 장점을 가지고 있다. 반면 투자자 입장에서는 신탁형에 해당하므로, 투자자가 자산

관리 및 운용을 직접 통제할 수 없는 점은 위탁관리와 동일하다. 세제의 경우 부동산 거래 및 보유와 관련해 취득세는 감면, 재산세는 분리과세 혜택이 있다. 그러나 상법상 주식회사의 형태로 존속하므로 다른 주식회사와의 형평을 고려하여 법인세 감면 혜택은 없다.

집합투자기구에 관한 사항

'집합투자기구에 관한 사항'에는 우선 리츠회사에 대한 기본적인 정보가 설명되어 있다. 회사의 연혁과 설립일, 주주 및 지분 현황이 나온다. 다만 현재 시점의 리츠회사 주주이기 때문에 공모 상장 후에는 지분이 달라진다. 롯데리츠의 경우 상장 전 롯데쇼핑이 100% 지분을 보유하고 있었다. 회사의 일반적인 내용 설명 이후 롯데리츠를 운용하게 될 AMC의 운용전문인력을 소개한다. 부동산 투자와 관련된 경력을 참고할 필요가 있다.

이제 본격적으로 집합투자기구의 투자대상에 대한 설명이 나온다. 즉 리츠회사가 투자하거나 투자가 예정되어 있는 부동산 내역을 살펴볼 수 있다. 투자대상 부동산은 우선 크게 두 가지로 나눌 있다. 상장 전 리츠가 이미 보유하고 있던 부동산과 상장 이후 공모 자금과 차입을 통해 투자가 예정된 부동산 등이다.

롯데리츠의 경우 상장 전 롯데쇼핑으로부터 롯데백화점 강남점을 현물출자 방식으로 취득했다. 롯데쇼핑은 롯데백화점 강남점을 출자한 이후 지분 100%를 보유한 상태로 주식 공모에 나섰다. 보유한 부동산을 간단히 설명한 후, 매입 예정 부동산과 감정평가액을 고려하여 결정된 매입가격에 대한 개요가 설명된다. 감정평가액은 공정성 확보를 위해 감정평가법인의 평가를 받는다. 이후 임대차 계약의 주요 조건을 파악할 수 있다.

"당사는 상기 부동산을 매입함과 동시에 매도자인 롯데쇼핑㈜과 장기 책임임대차 계약을 체결함으로써 공실 위험을 최소화하였습니다. 또한 해당 책임임대차 계약에 따르면 임대료는 연 1.5%의 고정 임대료 상승 조건으로 당사는 장기적으로 안정적인 배당수익을 확보할 계획입니다."

롯데리츠의 경우 롯데쇼핑과 장기 책임임대차 계약을 체결했다. 또한 연 1.5%의 고정 임대료 상승 조건이다. 투자자 입장에서 리츠에 투자할 때 가장 고려하는 건 역시 안정적인 배당을 받을 수 있냐는 점이다. 따라서 리츠회사는 안정적인 배당을 줄 수 있는 임대차 구조를 가지고 있어야 한다. 안정적인 임대차 구조에서 가장 많이 쓰이는 것이 바로 장기 책임임대차 구조와 고정 임대료 상승이다. 10년 이상의 장기 임대차 계약과 임대료 상승이 보장된다면 투자자는 장기적으로 안정적인 배당수익이 가능하다. 그러나 롯데리츠와 같이 계열사나 관계회사 임대차 계약일 경우에만 장기 책임임차가 가능하다. 일반적으로는 단기임차인 경우가 대부분이다. 물론 장기 책임임차인 경우도 리스크는 존재한다. 최악의 경우 임차인이 파산을 하게 되면 책임임차가 불가능하기 때문이다.

"당사는 매입 대상 10개 점포 임대차 기간 만기를 달리하는 3개의 '트랜치Tranche'를 구성(각각 임대차 계약 기간 9년, 10년 및 11년)하여 임대차 계약 만기가 일시에 도래하는 리스크를 완화하는 구조를 확보하였습니다. 개별 점포가 임대료를 지급하지 못하는 경우, 당해 점포가 속한 트렌치에 대한 임대차 계약 전체 또는 해당 점포 임대차 계약을 해지하고, 잔여 기간 임대료를 일시에 회수할 수 있는 계약상 권리를 약정함으로써 관련 위험을 제한하였습니다."

다음으로 상세한 투자대상 개요를 살펴볼 수 있다. 투자 부동산 위치와 규모, 용도를 파악할 수 있다. 강조하지만 리츠는 결국 부동산에 투자하는 것이기 때문에 어떤 부동산을 보유하고 투자할 것인지 꼼꼼하게 파악해야 한다. 입지 여건에 대한 고려도 필요한 이유다.

집합투자기구의 투자전략 및 위험관리, 그리고 수익구조

'투자전략 및 위험관리'에서는 리츠가 투자하는 부동산의 임차인과 위험관리에 대한 일반적인 사항을 설명한다. 롯데리츠의 경우 투자 부동산 별 매장의 매출액과 EBITDA 실적을 공시했다. 위험관리 측면에서 임차인의 경영과 재무구조 확인이 중요하다. 특히 연도별 분기별 안정적인 실적을 보이고 있냐가 중요할 수 있다. 임차인의 경영실적을 통해 투자 부동산의 안정성을 측정할 수 있기 때문이다.

임차인의 실적을 검토할 때는 매출 지속성 여부와 이익 안정성을 주목해야 해야 한다. 특히 최근 일부 내수 업종이 매출이나 이익이 감소하는 국면에 들어가 있기 때문에 개별적인 위험 파악이 중요하다. 롯데리츠는 롯데마트, 롯데백화점, 롯데아웃렛으로 이루어져 있다. 국내 유통업이다. 현재 국내 유통업의 전망은 좋은 상황이 아니다. 특히 인터넷 쇼핑이 크게 확산되면서 백화점, 마트 등 전통적인 오프라인 유통업에 대한 우려가 커지고 있다. 향후 임차인의 실적에 따라 임대 안정성과 자산가치 변동이 일어날 수 있다. 이러한 우려를 반영하여 롯데리츠는 책임임대차 계약을 체결했다.

'수익구조'에는 운영기간과 임대현황(보증금 및 임대료), 임대료 상승률 및 기타 임대조건에 대한 설명이 나와 있다. 롯데리츠의 경우 트랜치 별로 임대보증금과 월 임대료가 구분된다. 전체 월 임대료는 61억 9,900만 원이다. 임대료를 통해 리츠를 통한 배당수익률을 계산해 낼 수 있다. 한 가지 확인이 필요한 건, 임차인이 임대료를 부담할 수 있는 능력이다.

롯데리츠의 경우를 살펴보자. 2019년 월평균 임차인의 EBITDA는 141억 4,000만 원이다. 즉 현재 롯데리츠의 임차인들은 매월 141억 원 수익을 내고 있다. 앞으로 임차인들은 롯데리츠에 매월 62억 원의 임대료를 지급해야 한다. 결국 수익의 44%를 임대료로 지급해야 한다는 결론이 나온다. 이 부담 정도를 측정하는 것이 중요하다. 수익에서 임대료 비중이 높을수록 임차인의 안정성이 낮기 때문이다. 현재 이익에서 임대료 비율이 50% 미만으로 책임임차이기 때문에 현재 수익에서 50% 이상 이익이 줄어들지 않으면 향후에도 임대료를 낼 수 있는 능력을 가지고 있다고 판단할 수 있다.

추가적으로 EBITDA에 대해서 알아둘 필요가 있다. EBITDA는

'Earnings Before Interest, Taxes, Depreciation and Amortization'의 약자다. 의미 그대로 기업의 당기순이익에 이자, 세금, 감가상각비와 무형자산상각비를 더한다는 개념이다. 일반적으로 이해하기 쉽게 영업이익과 감가상각비 합으로 계산할 수 있다.

EBITDA는 자본에 대한 기업의 실질적인 이익 창출을 보여줄 수 있는 지표다. EBITDA는 직접적인 현금 지출이 없는 감가상각비, 이자비용, 세금 등을 제외함으로써 기업이 순수하게 영업활동을 통해 벌어들일 수 있는 현금창출 능력을 나타낸다. 이는 결국 임대료 부담 능력을 의미할 수 있고 실제 임대료와 비교함으로써 향후 위험에 대한 판단을 할 수 있게 된다. 최근 공모 상장이 예정되어 있다가 무산된 한 리츠의 경우 임차인의 EBITDA 대비 임대료 비율이 과중하게 높았다. 이러한 경우 책임임대차 등 여러 가지 보완 방법이 있다 해도 불확실성이 크다고 말할 수 있다.

향후 임대료 상승률 및 기타 임대 조건에 대해서도 살펴볼 수 있다. 롯데리츠는 임대료 상승률이 연간 1.5%로 고정되어 있다. 상당히 안정적인 조건이다. 1.5%는 임대료 상승분을 의미하며 임대료 비율이 1.5%포인트 증가한다는 의미는 아니다. 일반적으로 임대료 상승 조건은 물가 상승률을 반영한다. 물가에 연동된 임대료 상승 조건이 합리적이라고 판단되기 때문이다. 반면 임대료 상승 조건이 높을수록 투자 부동산이 '해자(垓子, Moat)'를 갖추고 있다고 판단할 수 있다.

주식 투자뿐만 아니라 리츠 투자에서도 이 해자를 파악하는 건 매우 중요하다. 원래 해자는 적의 침입을 막기 위해 성곽을 따라 파 놓은 연못을 의미한다. 에버랜드에 가보면 사자와 기린이 근거리 에서 같이 살고 있다. 당장이라도 사자가 잡아 먹을 수 있을 것처럼 보이지만 사자와 기린이 있는 곳을 물길이 가르고 있다. 사자는 물 을 매우 싫어하는 동물이다. 따라서 기린은 사자와 마주보면서 안 전하게 살아가고 있다. 이것이 해자다. 쉽게 넘볼 수 없는 진입장벽 을 뜻한다.

부동산도 분명히 해자가 존재한다. 해자를 보유한 부동산에 투자 하고 있는 리츠를 관심 있게 봐야 한다. 투자 부동산의 해자를 간접 적으로 측정할 수 있는 것이 바로 임대 조건이다. 임대 조건이 임대 인에게 유리할수록 투자 부동산이 분명 해자를 갖고 있다고 판단할 수 있다. 반면 임대 조건이 임차인에게 유리하면 리츠가 보유한 투 자 부동산이 해자를 보유하고 있다고 생각할 수 없다. 대표적인 조 건이 무상임대 기간이다. '렌트프리(Rent Free, 무상임대)'가 임대조건에 포함되어 있다면 투자 부동산의 해자 여부를 의심해야 한다. 일반 적으로 신축 부동산의 경우 무상 임대 조건이 들어가 있는 경우가 많다.

롯데리츠 임대조건에서 특이한 점은 '트리플 넷 리스Triple Net Lease' 구조다. 이 구조는 임차인이 관리비, 보험료 및 제세공과금 등 비용 을 전액 부담하는 것을 말한다. 일반적인 상업용 부동산 임대의 경 우 관리비 등 비용은 임대인이 지급한다. 그러나 리츠의 경우 임차 인이 부동산 운영과 관련된 비용을 부담하는 경우가 있다. 리츠 임

롯데리츠 추정 손익현황

단위: 백만 원

기준일	2019년 12월 31일	2020년 6월 30일	2020년 12월 31일	2021년 6월 30일
사업기수	2기	3기	4기	5기
영업수익	20,238	38,093	38,279	38,651
영업비용	6,507	10,035	10,062	10,045
영업이익	13,731	28,058	28,217	28,606
영업외수익	453	77	115	121
영업외비용	4,227	8,903	8,925	8,954
당기 순이익	9,957	19,232	19,407	19,773

대료 수입의 안정성을 확보하기 위해서 이러한 조건이 도입된다. 따라서 트리플 넷 리스인 경우는 상대적으로 임대료 안정성이 높은 경우라고 말할 수 있다.

'추정 손익현황'도 확인해야 한다. 임대료와 기타 비용을 추정하여 향후 리츠의 영업수익과 당기 순이익을 추정하였다. 롯데리츠의 경우 6개월이 1기이기 때문에 기별 추정 수익 확인이 가능하다. 리츠 투자 장점을 여기에서 살펴볼 수 있다.

리츠는 기본적으로 수익 자체가 간단한 구조다. 투자 부동산을 임대하여 임대료를 받고 이자, 운용 수수료 등 비용을 지불하고 순이익이 계산된다. 임대료도 특별한 사항이 아닌 경우 임대 기간 동안 크게 변동 없이 추정할 수 있다. 즉, 수익과 비용 추정이 간단할 뿐만 아니라 변동 가능성이 적다.

투자에서 가장 큰 적은 불확실성이다. 아무리 좋은 기업도 향후 이익을 추정하는 데 쉽지 않은 경우가 많다. 이러한 차원에서 리츠의 향후 수익 추정이 용이하다는 점은 큰 장점이다. 수익 변화 가능성이 낮기 때문이다. 대부분의 리츠는 장기 임대와 안정적인 임대료를 기반으로 하고 있다. 따라서 수익을 추정하는 데 어려움이 크지 않고 그만큼 투자에 따른 불확실성이 낮다고 볼 수 있다. 리츠투자의 또 다른 장점이다.

집합투자기구의 투자 위험

리츠의 일반 위험은 주식가격의 변동 위험과 경기 변동에 따른 위험, 금리 변동 위험, 신용(부도) 위험, 배당금 변동 위험 등으로 나눌 수 있다. 우선 리츠는 부동산 투자가 본질임에도 불구하고 주식처럼 상장되고 거래되기 때문에 주식가격 변동 위험이 존재한다. 롯데리츠 투자설명서에 설명된 주식가격의 변동 위험에 대한 내용은 다음과 같다.

"당사와 같은 부동산 투자회사에 대한 투자에 대하여 원리금을 보장하거나 보호하지 않습니다. 따라서 보유자산 가치가 하락하는 경우 주식의 가치는 액면가 이하로 하락하거나 청산 시 부동산의 시장 가격이 최초 매입가보다 현저히 하락하는 경우에는 투자원금의 전부 및 일부에 대한 손실 위험이 존재합니다. 이와 같이 투자금액의 손실 내지 감소 위험은 전적으로 투자자가 부담하며 회사를 포함한 어떠한 당사자도 투자손실에 대하여 책임을 지지 않습니다. 또한 당사의 투자대상 부동산의 수익성 변동과는 무관하게 국내외 증권시장의 변동에 따른 영향을 받을 수 있어 당사의 주가 하락에 따른 원금 손실 위험이 있습니다. 당사는 투자자의 원금 손실에 대한 책임을 지지 않으니 이 점 유의하시기 바랍니다."

결국 주가 변동에 대한 위험은 모두 투자자 책임이라는 것이다. 따라서 투자자 관점에서 항상 주가 변동성 위험을 어떻게 줄일 수 있느냐가 중요할 수 있다. 리츠의 자산과 수익 가치와 현재 주가를 지속적으로 비교해볼 필요가 있다. 또한 주가 변동성을 줄일 수 있는 방법에 대해서 고민해야 한다.

리츠도 경기 변동에 따른 위험이 존재한다. 부동산도 당연히 경기에 따라서 임대료와 가격이 달라질 수 있다. 특히 요즘처럼 거시 경제 불확실성이 큰 상황에서 항상 경기 변동에 따른 위험을 고려할 필요가 있다. 글로벌 금융 위기의 역사를 살펴보면 점점 사이클이 짧아지고 변동폭이 커지는 걸 알 수 있다. 그만큼 어떤 투자를 하든 경기 변동에 대한 위험을 항상 고려할 필요가 있다. 리츠 투자 역시 마찬가지다.

경제 상황 변화에서 부동산에 가장 큰 영향을 미치는 요소는 바로 금리다. 리츠도 마찬가지다. 금리 변화는 우선 투자 심리에 영향을 크게 미친다. 금리가 낮아지면 일반적으로 리츠 투자에 대한 심리가 개선된다. 리츠는 확실한 임대료를 기반으로 안정적인 배당수익이 보장된다. 역사가 오래된 미국 리츠의 경우 장기 배당수익을 보면 감소한 기간 없이 지속적으로 증가해왔다. 물론 거래되는 주가에 따라서 배당수익률은 변동될 수 있으나 안정적인 배당 수입이 가능하다.

안정적인 배당수익과 수익률이 가능하다면 시중금리가 낮아질수록 상대적으로 투자 매력도는 증가할 수 있다. 최근 미국을 중심으로 전 세계적으로 금리가 낮아지면서 리츠 투자가 빠르게 증가했다. 바로 배당수익 장점이 부각되면서 리츠에 대한 관심이 증가하였기 때문이다.

금리 변동은 배당 매력뿐만 아니라 부동산 가치평가에도 영향을 준다. 부동산 가치를 평가할 때 수익환원법을 고려하면 금리가 낮아질수록 부동산 가치는 상승하게 된다. 미래 창출되는 이익을 할인해주는 할인율이 낮아지면서 가치 상승에 기여하기 때문이다. 반대로 금리가 인상되면 할인율이 상승하면서 부동산 가치가 하락하게 된다. 할인율뿐만 아니라 금리 인하로 소비가 증가하고 물가가 상승하면 자연스럽게 부동산 가격이 오를 수 있다. 이러한 차원에서 금리 변화가 리츠 투자에 영향을 미칠 수 있다.

금리 변화는 리츠 이익에 직접적인 영향을 미칠 수 있다. 대부분 리츠는 투자 부동산을 공모 자금뿐만 아니라 사채 및 차입금을 통해 매입한다. 롯데리츠의 경우도 6,690억 원을 차입하고 있다. 결국 금리변화는 이자비용을 증감시켜 리츠 수익에 영향을 주게 된다. 투자설명서를 보면 금리 변화에 따른 회사 이익 변동 위험을 다음과 같이 설명하고 있다.

"거시적인 경제변화로 인한 금리 상승은 금융비용 증가를 야기하며 회사의 사업 추진 특성상 대출 비중이 높기 때문에 회사에 부담으로 작용할 수 있으니 이점 유의하기 바랍니다. 향후 당사가 계획하고 있는 부동산 추가 매입방법도 자기자본 이외에 일정비율을 차입에 의존하고 있습니다. 따라서 당사가 담보대출을 받았거나 향후 계획하고 있는 담보대출금은 금리가 변동될 경우 당사의 수익성에 영향을 줄 수 있으며 금리 상승으로 인한 수익성 저하는 투자자의 손실로 이어질 수 있습니다. 만일 제2금융권으로 대출이 변경될 경우 금리상승 가능성이 높게 되어 당사의 이익이 축소될 수 있으며 이에 따라 배당가능이익이 축소될 위험이 있습니다. 또한 시장금리의 상승은 높은 배당수익률을 요구하게 함으로써 당사 주식가격에 부정적인 영향을 미칠 수 있습니다."

부동산 수익을 높이기 위해서는 차입비율을 높일 필요가 있다. 차입을 많이 할수록 자기자본 수익률이 상승하기 때문이다. 따라서 일반적으로 부동산 투자를 할 때 높은 차입비율을 선호한다. 그러나 만약 금리상승이 지속된다면 차입 이자비용이 상승하게 되어 리츠회사의 이익을 줄이고 더 나아가 신용 위험을 높일 수 있다. 이러한 관점에서 일부 나라는 리츠의 차입 비율을 강제로 규제하고 있다. 싱가포르 상장리츠의 경우 차입비율을 45% 이하로 강제하고 있다.

이익, 주가 변동, 부동산 자산 가치 차원에서 금리 인하는 리츠 투자에 긍정적인 영향을 줄 수 있다. 반대로 금리가 상승하면 리츠 투자에 부정적이다. 단기 금리 변동에 따라서 리츠 주가가 크게 변동되는 이유이기도 하다. 그러나 금리는 항상 변할 수 있다. 금리 변동에 따른 위험을 고려해야 하지만 반대로 기회로 볼 수 있다는 판단이다.

리츠도 신용(부도) 위험이 존재한다. 투자 부동산을 매입하기 위해 차입한 차입금을 대출 만기 시점에 상환하지 못하면 리츠회사는 신용 위험에 노출된다. 따라서 신용 위험을 줄이기 위해서 투자자 입장에서는 청산 가치를 고려해야 한다.

청산 가치는 보유한 자산에서 차입금을 제외하고 계산할 수 있다. 예를 들어서 보유한 투자 부동산 가치가 1,000억 원이고 차입금이 500억 원일 경우 청산 가치는 500억 원이다. 청산 가치를 발행된 주식수로 나누어주면 주당 청산가치가 계산된다. 위험을 고려하기 위해서 투자자는 투자 당시 주식가격과 주당 청산가치를 비교해볼 필요가 있다. 롯데리츠 투자설명서에서 신용위험과 관련된 내용은 다음과 같다.

"당사의 2019년 6월 말 기준 부채총계는 256억 원입니다. 향후 롯데백화점 3개 점포, 롯데아웃렛 2개 점포 및 롯데마트 4개 점포 및 추가로 신규 부동산 취득 시에도 일정 비율의 차입을 계획하고 있습니다. 이러한 대출이나 임차보증금은 회사의 신용도 및 부동산 담보물건의 고유가치 및 정부의 부동산 정책에 따라 영향을 받을 가능성이 높습니다. 또한 당사는 대출만기시점에 계약기간 연장이 이루어지지 않거나 임대차 계약 만료시 계약 갱신되지 않거나 새로운 임차인을 구하지 못하는 경우 대출금과 임대보증금을 상환해야 합니다. 이때 신규 차입이 곤란할 경우 당사의 자금 흐름에 악영향을 줄 수 있습니다."

당연히 리츠 배당도 변동 위험이 존재한다. 임대료와 임대 조건, 금리 등 변동에 따른 배당금 변화 가능성은 모든 리츠의 공통된 사항이다. 롯데리츠 투자설명서의 배당금 변동 위험에 대해서 다음과 같이 설명하고 있다. 여기서 특히 주목할 것은 배당수익률 추정이다. 모든 리츠의 투자설명서에는 향후 배당수익률을 추정하여 표기하고 있다.

"부동산 투자회사법 제28조(배당)에 따르면 부동산 투자회사는 해당연도 이익배당한도의 100분의 90 이상을 주주에게 배당(금전, 주식 및 기타의 재산)하도록 규정하고 있습니다. 또한 동법 제25조 1항에 근거하여 '매 분기말 현재 총자산의 100분의 80 이상을 부동산, 부동산 관련 증권 및 현금으로 구성하여야 하며, 이 경우 총자산의 100분의 70 이상은 부동산(건축 중 건축물을 포함)이어야 함으로써 현금성 자산을 일정 규모 이상 보유할 수 있습니다. 만약 부동산 투자회사법에 따라 배당을 실시하지 않을 경우 해당 회계연도의 과세대상 소득에서 배당금을 공제할 수 없으므로, 법인세(지방소득세 포함) 지급부담이 발생할 수 있으며 부동산 투자회사법 위반으로 국토교통부로부터 제재 조치가 부과될 수 있습니다.

당사는 향후 부동산 추가 매입을 위해 자기자본 이외 일정 비율에 대해 차입에 의존할 예정입니다. 이러한 담보 차입 및 사채 발행

발행가 5,000원 기준, 배당수익률 추정

기준일		2019년 12월 31일	2020년 6월 30일	2020년 12월 31일	2021년 6월 30일
사업기수		2기	3기	4기	5기
예상목표 배당수익률	공모투자자	10.11%	6.35%	6.39%	6.48%
	롯데쇼핑	3.37%	6.35%	6.39%	6.48%

에 대한 금리가 변동될 경우 당사의 수익성에 영향을 줄 수 있으며 이에 따라 당사의 이익 및 배당가능이익이 축소될 수 있는 위험이 있습니다.

당사의 사업계획상 예상 목표배당수익률은 (위의) 표와 같습니다. 그러나 예상 목표배당수익률은 각 사업계획상 회사의 사업계획을 수립하기 위한 제반사항이 모두 이루어진 경우에 해당하는 것이며 실제 배당금 및 예상 배당수익률은 이를 하회할 수 있고, 이 경우 주가에 부정적인 영향을 미칠 수 있음을 유의하시기 바랍니다."

실제 공모리츠 투자설명서를 통해 리츠 투자에서 중요하게 고려하고 체크해야 할 점에 대해서 살펴보았다. 특히 중요하게 체크해야 할 점은 다음과 같이 요약할 수 있다.

1. 투자 부동산을 정확하게 파악한다. 리츠는 주식 투자와 같은 방식이지만 결국 본질적으로는 부동산 투자다. 리츠가 보유하고 향후 보유하게 될 투자 부동산에 대해서 정확하게 파악

해야 한다. 입지, 감정가격, 향후 가치 상승 가능성에 대해서 고려해야 한다.

2. 임차인의 재무상황이 중요하다. 장기적으로 안정적인 임대료를 수취하기 위해서 당연히 임차인이 중요하다. 리츠의 경우 임차인이 개인인 경우보다 법인인 경우가 대부분이다. 따라서 법인 임차인의 실적과 재무구조 등이 임대에 영향을 미칠 가능성이 크다.

3. 임대료, 임대조건 등도 중요 고려사항이다. 임대료와 임대조건에 따라서 리츠의 배당이 결정되기 때문에 꼼꼼한 분석이 필요하다. 이를 통해 투자 부동산의 가치도 간접적으로 살펴볼 수 있다.

4. 변동 위험에 대한 사항도 파악해야 한다. 리츠가 가지고 있는 위험도 있다. 경기, 금리 등 거시경제 리스크뿐만 아니라 임차인 변동 가능성도 존재한다. 투자할 때는 항상 위험에 대비해야 한다.

리츠 투자에
필요한
용어 정리

▍ FFO

미국의 리츠 기업들은 SEC~Securities and Exchange Commission~ 규정에 따라 당해 과세대상소득의 90% 이상을 배당으로 지급해야 하는 규정이 있다. 해당 과세대상소득을 FFO(Funds from Operations, 운영자금)라고 지칭하며, "당해 순이익 + 유무형자산 감가상각비(비현금성 지출) − 자산 매각차익(비과세대상 이익)"을 통해 계산된다.

FFO는 실질적으로 배당 가능한 이익과 관련이 있기 때문에 일반적인 주식의 가치평가에 사용되는 PER(주가/주당 순이익)와 같이 P/FFO(주가/주당 FFO)를 사용하는 것이 합리적이다. 따라서 PER와 마찬가지로 투자 대상 리츠의 P/FFO 수치가 섹터평균 대비 낮다면 상대적으로 저평가되어 있는 리츠라고 볼 수 있다.

P/FFO는 미국 리츠시장에서 주로 쓰이는 가치평가 지표이다.

미국 리츠 대부분이 사업기한의 영속성을 가진 자기관리리츠이며 부동산 투자구성이 다양하기 때문에 실제 현금 창출 능력과 배당 지급가능성이 중요하기 때문이다.

AFFO

FFO는 회사별로 계산하는 방식에 큰 차이가 없기 때문에 P/FFO를 이용하여 비교 대상 리츠의 저평가 여부를 판단할 수 있다. 하지만 FFO에는 인수합병 관련 비용, 반복적인 부동산 유지보수비용, 스톡옵션 발행비용 등 실제 운영성과와는 상관없는 지출이 차감된 금액이기 때문에 개별 리츠의 순수 영업성과를 측정하는 데는 약간 무리가 있다.

따라서 미국 리츠회사들은 자체적으로 순수한 운영성과를 측정하고, 또 투자자들에게 잠재적인 배당성장가능성을 나타내기 위하여 "FFO + 임대료 순인상분 - 유지보수비용 및 자본적 지출"을 감안해 AFFO Adjusted Funds from Operations를 공시한다.

그렇기 때문에 현금흐름 측면에서 AFFO는 FFO보다 사업운영 수익을 더 잘 보여주는 지표라고 볼 수 있으며 투자대상 리츠의 과거대비 P/AFFO를 통해 사업운영수익 대비 저평가 여부를 판단할 수 있다. 하지만 리츠회사별로 FFO에 가감하는 항목이 조금씩 차이가 있기 때문에 회사 간 비교가 쉽지 않다는 단점이 있다.

NAV

리츠의 기초자산은 주로 부동산 자산이기 때문에 기초자산에 대해 분기, 반기별로 감정평가를 실시하여 시장가치를 반영한다. 따라서 인수 당시의 장부가액이 아닌 "자산 감정평가액의 합산 - 이자부부채의 가치"를 적용한 NAV$_{\text{Net Asset Value}}$를 사용하여 일반적인 기업가치평가에 사용하는 PBR(주가/주당순자산)보다 합리적인 평가가 가능하다.

PBR과 마찬가지로 투자대상 리츠의 P/NAV(주가/주당순자산가치)가 1보다 작으면 해당 리츠는 시장가치보다 낮게 평가되고 있는 리츠라고 볼 수 있다. 따라서 자산 매각을 통해 청산을 앞두고 있는 리츠의 경우 P/NAV가 1보다 작다면 청산 예정일까지 보유하는 전략을 통해 자본이익을 추구할 수 있다.

P/NAV의 경우 일본 리츠시장에서 주로 쓰이는 가치평가 척도다. 일본 공모리츠시장은 주로 자산관리회사$_{\text{AMC}}$를 통한 위탁관리리츠가 주를 이루고 있으며 주요 투자자가 연금 등으로 낮은 배당수익률을 기록하더라도 도산 리스크가 적은 자산에 대한 투자를 선호하기 때문이다.

NOI

부동산의 수익성을 평가하는 지표로 NOI(Net Operating Income, 순영업소득)가 주로 사용된다. NOI는 "전체임대료＋기타소득 - 공실에 따른 손실 - 자산운영경비"로 계산되며 일반적인 기업의

EBITDA(순영업소득, 법인세·이자·감가삼각비를 차감하기 전 영업이익)와 유사한 개념이다. NOI를 계산할 때는 소득세, 이자, 감각상각비를 고려하지 않는다. 이유는 매수자가 얼마를 대출받았느냐 혹은 감가상각을 어떻게 하느냐에 따라서 비용이 달라지기 때문이다. NOI 계산시 제외하는 자산운영경비는 관리비라고 말할 수 있다. 관리비는 크게 부동산 관리업체에 지급하는 수수료와 전기, 기계, 냉난방 설비 등 전체 건물을 운용하고 관리하는 데 들어가는 비용을 말한다. 또한 유지수선비도 포함된다. 참고로 리츠 부동산이 운용될 때 관리비 부담 방법에 따라 여러 가지 계약이 이루어진다. 미국 상업용 부동산 시장에서는 모든 비용(재산세, 보험료, 공용 관리비)을 임차인이 부담하는 계약을 'Triple net lease(3중 순 임대차)'라고 한다. 재산세와 보험료만 임차인이 부담하는 계약은 'Double net lease(2중 순 임대차)', 재산세만 임차인이 부담하는 계약은 'Single net lease(단식 순 임대차)'다. 따라서 리츠의 NOI를 계산할 때 관리비 계약 구조에 따라 금액 산정이 달라질 수 있다.

| Cap Rate

Cap Rate Capitalization Rate 는 부동산에 투자하여 기대할 수 있는 기대수익률(할인율)이며, "해당 자산의 순영업소득NOI/부동산의 시장가치(MV)"로 계산한다.

일반적으로 투자 리스크가 적은 중심지역 오피스 자산의 경우 부동산 자산가치가 높으므로 Cap Rate가 낮으며, 교외지역의 리테일 자산으로 갈수록 자산가치에 비해 임대 수익이 높으므로 Cap Rate 가 높은 편이다.

투자 대상 리츠가 인수하는 부동산이 동일지역, 동일자산군 평균 보다 높은 수준의 Cap Rate를 기록한다면 향후 자산가치 상승을 통한 투자수익을 기대할 수 있다.

▎ 자기관리리츠

자기관리리츠는 부동산 투자를 전문으로 하는 영속적인 상법상 의 주식회사로서, 자산운용전문인력 3인 이상의 상근 임직원을 두고 공모자금을 통해 부동산 실물, 대출 등에 투자한 뒤 그 수익을 배분하는 리츠다. 자기관리리츠는 상근 임직원을 둔 실체회사이며, 자산의 투자운용을 직접 관리한다는 측면에서 페이퍼컴퍼니인 위탁관리리츠와 구분된다.

장점으로는 직접 모든 것을 결정하는 영속적 법인체이기 때문에 의사결정에 있어서 신속하고 책임 있는 결정이 가능하며, 다양한 자산 포트폴리오 구성을 할 수 있어 부동산 인수, 매각 등을 통해 유연한 이익 재확대가 가능하다. 단점은 국내리츠의 경우 상법상 주식회사 형태로 존속하므로 다른 주식회사와 형평을 고려해 법인세 감면혜택이 없다는 것이다. 세제혜택이 없으므로 의무배당비율도 50%로 다른 형태의 리츠보다 낮은 편이다.

| 위탁관리리츠

위탁관리리츠는 실체가 없는 페이퍼컴퍼니(명목회사) 형태로 설립되며, 업무를 자체적으로 수행하지 않고 외부 자산관리회사AMC에 위탁한다. 구조조정용 부동산에만 투자할 수 있는 CR리츠와 달리 투자대상을 자유롭게 선택하여 편입할 수 있으며, 배당가능이익의 90% 이상을 배당하면 법인세 감면혜택을 받을 수 있다. 한시적으로 서류상에만 존재하는 특수목적법인SPC 형태이므로 본점 외 지점을 설치할 수 없으며, 상근임직원을 고용할 수 없다.

장점으로는 상근임직원을 고용하지 않기 때문에 인건비, 사무실 임대료 등 비용적인 측면에서 자기관리리츠보다 유리하며, 법인세를 감면해주는 세제혜택이 있다. 또한 존립기간을 명시하므로 투자 자금 회수에 대한 구조가 명확하다. 단점으로는 리츠와 자산관리회사AMC 간의 이해상충가능성이 있어 시장변화에 대해 신속한 의사결정이 어렵고 자산관리 비용, 사무수탁 비용 등 관리운영에 대한 수수료 부담도 있다.

| CR리츠

CR리츠(구조조정리츠)는 국내 외환위기 이후 기업이나 금융기관이 소유하고 있는 대규모 상업용 및 업무용 부동산의 처분을 용이하게 할 수 있는 지원제도 마련 차원에서 도입되었다. 2002년 부동산 투자회사법 도입 이후 처음으로 설립된 리츠회사 형태다.

투자대상이 일반 부동산인 위탁관리리츠와 달리 기업구조조정

과정에서 나온 부동산을 주요 편입대상으로 하여 투자대상이 제한적이라는 단점은 있지만, 일반공모 30% 규정 제외, 1인당 주식 소유한도 30% 규정 제외, 자본금의 30%까지 현물출자 가능 등 위탁관리리츠와는 다른 설립 혜택을 주고 있다.

▎업리츠

업리츠UP-, Umbrella Partnership는 부동산을 보유한 기업과 리츠가 운영조합을 설립하는 형태다. 미국에서 시작된 리츠 설립 형태로 부동산 개발업자와 소유자들이 자신의 부동산을 리츠로 전환하면서 고안해낸 방법이다. 업리츠는 리츠가 부동산을 직접 소유하지 않고 운영조합의 지분을 소유하는 구조로 업리츠로 부동산을 양도할 경우 소유주는 리츠 주식이나 매각 대금 대신 지분을 소유하게 되어 세금을 내지 않아도 된다는 장점을 가지고 있다. 업리츠 발달로 미국 리츠 시장이 빠르게 성장했다.

▎앵커리츠

위탁관리리츠의 경우 명목회사이기 때문에 투자자의 직접적인 신뢰를 얻기 힘들다. 따라서 앵커라는 제도를 통해 신뢰를 높이게 된다. 앵커리츠는 정부, 금융기관, 대형건설회사나 유통기업이 리츠에 자산을 매각하고 해당 리츠의 최대주주로 참여해 자금조달과 자산운용, 시설관리 등을 맡아 안정성과 신뢰도를 높인 구조를 말한다.

기업이나 정부는 자산 유동화를 통해 자금 조달이 가능하고 투자자 입장에서는 우량 기업이나 정부가 주주로 참여한다는 점에서 신뢰를 갖고 투자할 수 있다는 장점이 있다. 미국, 일본, 싱가포르 등에서는 매우 활성화되어 있는 리츠다.

우량 리츠를 고르는 3가지 포인트

리츠 투자 종목을 선정하기 위해서는 3가지 전략이 필요하다. 우선 저평가된 부동산을 찾아야 한다. 계속 강조하지만 리츠는 주식 투자가 아니라 부동산 투자다. 따라서 리츠가 보유한 투자 부동산을 평가하고 현재 리츠의 시가총액과 비교해 저평가된 부동산을 찾아야 한다. 다음으로 가격 변동성을 줄이고 장기 투자해야 한다. 리츠 투자의 본질은 부동산이지만 주식처럼 거래된다. 따라서 주식처럼 매일 변하는 시세 변동 위험을 최대한 줄여야 한다. 그래야만 장기 투자가 가능하다. 마지막으로 안정성을 추구해야 한다. 움직이지 않는 자산(부동산)이기 때문에 투자 안정성을 파악하는 데 주식과는 다른 방법이 필요하다.

저평가된
부동산을 찾아라

보유한 투자 부동산의 시장 가치 대비 저평가된 리츠에 주목해야 한다. 장기적으로 가치 상승이 예상되기 때문이다. 저평가된 부동산 리츠를 찾기 위해 보유한 투자 부동산의 시장 가치를 정확히 측정할 필요성이 있다.

부동산 가치평가를 이야기하기 전에 우선 '가치'와 '가격'의 차이를 명확히 해보자. 우리가 일반적으로 "이거 얼마인가요?"라고 물을 때는 가격을 묻는 것이다. 가치의 의미는 조금 다르다. 가격은 내는 돈(명목)을 의미하지만 가치는 실질 가격을 뜻한다.

가치를 산정하는 방법은 내재 가치와 비교 가치로 구분할 수 있다. 부동산이 가지고 있는 본질적인 가치를 상정하는 것이 내재 가치고, 다른 부동산과 비교하여 산정하는 방법이 비교 가치다.

부동산 비교 가치를 산정하는 방법 중 Cap Rate를 이용한 방법이 있다. "Cap Rate(%) = 순이익 NOI/부동산 가치"로 계산된다. 식을 바꾸면 "부동산 가치 = 순이익/Cap Rate"다. 여기서 중요한 건 Cap Rate 비교 가치를 계산하기 때문에 시장 평균 Cap Rate를 우선 조사해야 한다는 점이다.

오피스 빌딩의 예를 들어보자. 임대료는 연간 3,000만 원이 가능하고 현재 10억 원에 거래되고 있다. 서울 오피스 빌딩의 Cap Rate는 5% 내외다. 그렇다면 연간 임대료가 3,000만 원이기 때문에 3,000만 원을 5%로 나누어주면 Cat Rate를 이용한 오피스 가치가

6억 원으로 계산된다.

이처럼 Cap Rate를 이용하여 부동산 가치를 계산할 때 주의할 점이 몇 가지 있다. 우선 NOI를 잘 계산해야 한다는 점이다. NOI는 총 임대 수익에서 부동산 임대 수익을 위해 지출되는 운영경비를 제외해야 한다. 그래야만 NOI가 정확하게 계산될 수 있다. 또한 사용되는 시장 Cap Rate는 부동산 종류, 위치에 따라서 크게 달라질 수 있다. 예에서 적용된 5%가 적절한지에 대한 판단이 필요하다. 예를 들어 서울과 수도권의 Cap Rate는 매우 다르다. 서울 안에서도 광화문, 강남, 여의도 권역의 Cap Rate가 달라질 수 있다.

내재 가치 산정 방법으로 수익환원법이 있다. 수익환원법은 부동산을 통해 얻을 수 있는 이익으로 적정 부동산 가격을 산정하는 방식이다. 즉 해당 부동산이 미래에 산출할 것으로 기대되는 순수익을 현재가치로 환원하여 부동산 가치를 계산하는 것이다.

일반적인 방법을 적용해 저평가된 리츠 투자를 할 수 있는 방법은 P/FFO, P/NAV가 있다. 주당 배당가능금액FFO을 현재 주가와 비교해 시장 대비 낮으면 상대적으로 저평가되어 있는 상황이라고 볼 수 있다. 즉 A리츠 주식의 주당 배당가능금액이 500원이고 현재 주가가 4,000원이라고 하면 P/FFO가 8배로 계산된다. A리츠가 속한 오피스 산업 평균 P/FFO가 10배라고 하면 상대적으로 저평가되어 있다고 판단할 수 있다. P/NAV도 같은 방식이다. 현재 주가를 수익환원법 등을 통해 계산된 투자 부동산 가치에 차입금을 제외한 주당 NAV를 계산하여 나누어주면 P/NAV를 산출할 수 있다. 이를 통해 업종 평균과 비교하면 해당 리츠의 주가 평가를 할 수 있다.

가격 변동성을 줄이고 장기 투자해라

리츠는 부동산 투자가 본질임에도 불구하고 주식처럼 거래된다. 거래 가격이 변화하는 이유다. 실물 부동산 투자의 가장 큰 장점 중 하나는 강제 저축 기능이다. 실물 부동산에 투자하면 거래가 쉽지 않기 때문에 의도가 있든 없든 장기 투자가 불가피하다. 통계에 따르면 서울 아파트에 투자하면 평균 7년 이상 보유한다고 한다.

부동산 투자에서 장기 투자가 반드시 필요한 이유는 수익률 때문이다. 2018년 미국 샌프란시스코 FRB에서 재미있는 보고서를 발표했다. 〈모든 것의 수익률The Rate of Return on Everything : 1870~2015〉이라는 보고서는 1870년부터 2015년까지 미국, 일본, 영국, 독일, 오스트레일리아 등 16개 선진국의 자산 유형별 수익률과 변동성을 분석했다. 분석 대상 자산은 부동산, 주식, 만기 10년 안팎의 장기 국채, 단기 국채 등 4종이었다.

조사에 따르면 특정자산의 위험대비 수익률을 나타내는 샤프지수(표준편차를 이용하여 펀드의 성과를 평가하는 지표. 특정 펀드가 한 단위의 위험자산에 투자해서 얻은 초과수익의 정도를 나타낸다)의 경우 모든 나라에서 부동산이 주식을 웃돌았다. 135년 동안 투자자산 연평균 수익률은 부동산이 7.05%를 기록하여 주식의 평균 수익률 6.89%보다 소폭 앞섰다. 그러나 주식의 경우 높아진 변동성과 경기 순환 동조화를 대가로 치른 결과였다. 상대적으로 단기 수익률은 주식이 부동산보다 높았다.

물론 현재 투자하는 입장에서 100년 이상의 투자를 생각한다는 건 무리가 있다. 그러나 보고서를 통해 우리가 알아야 할 점은 투자 기간이 장기일수록 부동산이 주식보다 수익률이 높고 변동성은 낮아진다는 점이다. 게다가 레버리지(차입)를 감안하면 수익률이 크게 상승하게 된다. 답은 간단하다. 부동산을 통해서 안정적이고 높은 수익을 얻기 위해서는 장기 투자를 해야 한다는 점이다. 이러한 점에서 리츠를 통한 부동산 투자는 약점을 가지고 있다.

리츠를 통해 부동산 투자를 했음에도 불구하고 주식처럼 가격이 변화하면서 장기 투자를 방해하기 때문이다. 장기 투자를 방해하는 가장 큰 이유는 부동산과 다르게 리츠 주가가 변동되면서 단기 수익률 변화를 크게 일으키기 때문이다. 물론 수익이 발생했을 때는 수익을 실현하는 데 유리하다. 그러나 반대로 손실이 크게 발생했을 때는 장기 투자가 불가능한 상황으로 내몰린다.

따라서 리츠를 통해 부동산 투자를 할 때 주가 하락 리스크를 어떻게 감내하느냐가 중요한 문제다. 주가 하락 리스크를 낮추기 위해서는 가격 변동성을 줄이는 것이 가장 좋은 방법이다. 가격 변동 리스크를 줄이면서 장기 투자하는 가장 좋은 방법은 뭘까. 바로 '싸게 사는 것'이다. 주식 매입에서 안전마진과 가치평가를 고려해야 하는 이유다.

싸게 사는 것이 가장 쉬운 장기 투자 방법임에도 불구하고 현실적으로는 쉽지 않다. 싸다는 기준이 흔들릴 수 있기 때문이다. 결국 다른 대안이 필요하다. 현실을 감안해 가장 효과적인 장기 투자 방법은 기간 분산투자다. 일정 기간을 정해놓고 꾸준히 분산 매입하는 전략이 효과적일 수 있다. 즉 리츠를 분산해서 지속 매입하는 방법을 사용한다면 단기 가격 변동 위험을 줄이고 효과적으로 장기 투자할 수 있다.

❙ 안정성을 추구해라

부동산 투자에서 가장 중요한 건 안정성이다. 부동산은 말 그대로 '움직이지 않는 자산'이기 때문에 안정성이 높은 자산일수록 가치 상승 가능성이 크다. 부동산 투자에서 안정성은 크게 3가지로 나눌 수 있다. 우선 위치의 안정성이다. 해당 부동산이 위치한 곳이 검증된 지역이어야 한다는 점이다. 특히 리츠를 통한 부동산 투자는 간접투자이기 때문에 더욱 객관적인 검증이 필요하다.

리츠가 보유한 부동산의 안정성을 객관적으로 검증하기 위해 가장 좋은 방법은 상장 및 부동산 보유 시점을 파악하는 것이다. 상장한 후 오랜 시간이 흘렀거나 부동산 보유 기간이 장기일수록 투자 부동산이 핵심지역에 위치하고 안정적일 가능성이 높기 때문이다. 반면 상대적으로 최근에 매입하거나 상장된 리츠는 투자 부동산이 신축되거나 외곽에 위치할 가능성이 크다. 따라서 투자 부동산이 영업을 시작한 시기, 건립 시점을 파악할 필요가 있다.

임대의 안정성도 중요하다. 임대 안정성은 임대 기간 및 임차인

구성에 있다. 잔여 임대 기간이 장기일수록 안정적이다. 일반적으로 모든 부동산 임대는 장기인 경우가 많다. 그러나 기간이 경과할수록 잔여 임대는 감소한다. 임대 안정성을 측정할 때 잔여 임대 기간을 먼저 고려해야 하는 이유다. 임대 안정성 차원에서 임차인도 중요하다. 임차인의 구성과 임대료 부담 능력을 감안해서 평가해야 한다.

자금 구조의 안정성도 파악해야 한다. 오래 갈 수 있는 부동산을 골라야 한다. 장기 투자를 위해서는 부채가 적어야 한다. 일반적으로 경기 변동에 취약한 기업, 가계 그리고 부동산 투자는 차입금이 많은 경우다. 경기가 나빠지면 자산가격은 하락하지만 부채는 줄어들지 않는다. 따라서 안정적인 투자를 위해서는 자산대비 차입금 비율이 낮은 리츠를 선별해 투자해야 한다. 미국 리츠의 경우 최근 자산 매각 차익이 커지면서 차입금이 지속 감소하고 있다. 회사의 안정성이 확대되고 있다는 증거다.

미리
알아두어야 할
위험

많은 장점에도 불구하고 리츠도 투자이기 때문에 분명 위험 요소가 존재한다. 역시 가장 큰 리스크는 주가 변동이다. 역사가 가장 오래된 미국 리츠를 조사해보면 실물 부동산과 비교했을 때 30년간 평균 수익률이 유사했다. 실물 부동산 연평균 수익률은 8.6%였고, 상장리츠 주식 연평균 수익률은 8.5%로 조사된다.

그러나 변동성은 크게 차이가 난다. 실물 부동산은 가격 변동성이 11.2%에 불과한 반면 상장리츠는 무려 19.5%에 달했다. 실물 부동산보다 가격 변동 리스크가 월등히 높다는 것을 확인할 수 있다. 물론 실물 부동산은 거래가 빈번하지 않기 때문에 변동성이 크지 않은 것이 일반적이다. 그러나 투자 관점에서 분석해 보면 변동성이 크다는 점은 분명 리스크로 작용할 수 있다. 리츠에 투자할 때 주가 변동성을 유의해야 하는 이유다.

직접적으로는 투자 부동산 관련 위험이 존재한다. 투자 부동산을 취득하고 운용하고 매각하는 단계별로 불확실성이 존재한다. 우선 취득할 때 가격을 비싸게 취득하거나 인허가에 문제가 발생할 수 있다. 특히 소유권 및 개발권과 관련해 운용자나 투자자가 예측할 수 없는 변화가 발생할 수 있다. 실제로 개발사업을 할 경우 인허가와 토지 매입이 지연되어 막대한 비용을 지출한 리츠도 조사된다.

리츠가 투자 부동산을 운용할 때 위험 중 가장 큰 것은 역시 임차인 리스크다. 임차인에게 경영상 문제가 발생하거나 임대료 지급에서 문제가 생길 경우 배당수익에 직접적으로 영향을 미치게 된다. 또한 임대기간 종료에 따라 계약기간이 연장되지 않을 경우 새로운 임차인과의 계약을 맺어야 하는 불확실성도 존재한다. 이러한 관점에서 임차인 리스크를 판단할 때 변동성을 감안해보면 기업보다 오히려 일반 개인 임차인이 더욱 변동성이 적다는 조사도 있다.

투자 부동산의 매각에 따른 위험도 있다. 리츠는 보유 부동산을 매입하고 때로는 매각하기도 한다. 매각하는 경우는 가격이 상승했을 때나 회사의 전략이 바뀌었을 때 이루어지는 것이 보통이다. 그러나 회사 재무상황이 악화되었을 때 불가피하게 매각하는 경우도 있다. 서브프라임 때 차입금이 과도했던 일부 리츠는 불가피하게 보유한 투자 부동산을 매각했다. 물론 장부가보다 낮은 가격이었다. 따라서 이러한 매각 리스크를 줄이기 위해서는 상대적으로 재무구조가 안정적인 리츠에 투자해야 한다.

리츠 또한 경기변동에 따른 위험이 분명 존재한다. 외부 환경 변화에 따라 불확실성이 커질 수 있다. 경기 상황에 따라서 주가 변동 폭이 커질 수 있다는 얘기다.

경기 변동에 따른 위험 중 가장 주의해야 할 요소는 역시 금리변 화다. 경기에 따라 금리는 변동하고 금리에 따라 리츠 주가와 투자 자산 가치가 달라질 수 있다. 일반적으로 금리가 낮아지는 경우 리 츠 투자에 유리하다. 금리가 낮아지면 부동산 가치를 산정하는 할 인율도 낮아져서 투자 부동산 가치가 상승하게 된다. 또한 리츠를 통한 배당수익률과 금리 격차가 커지면서 리츠 주가가 프리미엄을 받게 된다. 반대로 금리가 높아지면 부동산 가치는 하락하고 배당 수익에 대한 할증요인이 없어질 수 있다.

리츠 투자에서 금리변화는 가장 민감하고도 중요한 문제다. 그러 나 긴 안목으로 바라보면 금리는 경기변동에 따라서 항상 변화하게 되어 있다. 따라서 금리 변동 위험을 인식할 필요는 있으나 과민하 게 반응할 필요는 없다. 오히려 단기적으로 금리가 상승하여 우량 투자 부동산을 보유한 리츠가 저평가 받고 있다면 적극적인 관심을 가져볼 필요가 있다.

지금까지 알아봤듯 리츠 투자를 할 때는 분명 여러 가지 리스크 가 존재한다. 그러나 진짜 위험은 우리가 모를 때 발생한다. 평소 리스크를 고려해 신중히 투자한다면 위험을 기회로 바꿀 수 있을 것이다.

실전!
부동산
가치평가를 해보자

앞서 리츠와 부동산 가치평가에 대한 방법을 이야기했다. 그러나 일반 독자가 이해하기 어려운 부문이 있다고 판단해 부동산 가치와 평가에 대한 방법을 따로 상세하고 쉽게 설명하고자 한다.

리츠를 포함하여 부동산 투자를 할 때는 부동산 가치에 대한 고민이 필요하다. 가치와 가격의 차이를 아는 것에서부터 출발한다. 가격Price은 실제로 거래된 거래 가격을 의미한다. 수요와 공급에 의해서 결정되기도 하고 정부의 규제에 의해서 강제되기도 하는 가격을 말한다. 강남 아파트가 20억 원에 거래되었다면 가격은 20억 원이다. 즉 가격은 과거라고 말할 수 있다.

반면 가치Value는 가격과 다르다. 가치의 사전적 의미는 '사물이 지니고 있는 쓸모'를 말한다. 오마하의 현인 워런 버핏은 가격과 가치의 차이를 다음과 같이 이야기했다. "당신이 내는 돈은 가격이지만, 돈을 내고 얻는 것은 가치라고 부른다.Price is what you pay. Value is what you get." 즉 가격은 돈의 절대 액수를 이야기하지만 가치는 내가 향후 얻을 수 있는 것을 현재 화폐단위로 표현한 것을 의미한다.

건물 매입을 생각해보자. 5층짜리 꼬마빌딩이 30억 원이라고 한다면 부동산 가격은 30억 원이다. 그러나 부동산 가치는 다르다. 부동산 가치는 향후 꼬마빌딩에서 발생하는 임대수익을 현재가치로 바꿔서 계산할 수 있다. 꼬마빌딩의 연간 임대수익률이 8,000만 원인 경우를 가정해 보면 부동산 가치는 26억 7,000만 원으로 계산할수 있다.

부동산 가치를 계산하는 방법은 매년 발생하는 임대수익을 현재화폐가치로 할인하여 계산한 다음 합산하면 된다. 우선 향후 5년 정도 예상되는 임대수익을 계산한다. 임대료 상승이 없다고 가정한다면 매년 건물주는 8,000만 원의 임대료를 받게 될 것이다. 그러나 임대료는 지금 받는 것이 아니라 1년 후, 2년 후 등 기간이 경과한뒤에 받게 된다.

따라서 현재 가치를 계산할 필요가 있다. 현재 100원을 은행에 넣어두고 금리가 3%라고 하면 1년 후 100원은 103원이 된다. 즉현재 100원과 1년후 100원의 가치가 다르다. 반대로 생각하면 1년 후 받게 되는 100원은 현재 약 97.1원의 가치와 같다. 왜냐하면 97.1원을 은행에 예금하면 1년후 100원이 되기 때문이다. 향후 받게 될 임대료를 현재가치로 바꿔야 할 필요가 있다.

향후 5년간 매년 받게 될 임대료 8,000만 원을 현재가치로 바꾸

매입금액 30억 원, 매년 임대료 8,000만 원 꼬마빌딩의 현재가치 계산

단위: 원

	2020년	2021년	2022년	2023년	2024년	이후
임대료	80,000,000	80,000,000	80,000,000	80,000,000	80,000,000	2,666,666,667
차수	1	2	3	4	5	5
할인율	3%	3%	3%	3%	3%	3%
현가계수	0.97	0.94	0.92	0.89	0.86	0.86
현재가치	77,669,903	75,407,673	73,211,333	71,078,964	69,008,703	2,300,290,092

면 위의 표와 같이 계산된다. 미래 현금수익을 현재가치로 바꾸는 방법은 현금흐름할인법Discounted Cash Flow라고 부른다. 향후 임대료를 최대한 쉽게 현재가치로 할인하는 방법은 임대료/(1+할인율)^{차수}로 계산할 수 있다. 일반적으로 할인율은 시중금리로 정하고 차수는 경과연도를 말한다. 식을 적용하면 2021년에 받게 될 8,000만 원에 대한 임대료의 현재가치는 8,000만 원/1.03^2로 계산되어 약 7,540만 원이다.

각 연도에 따른 현재가치를 계산한 이후 합산하면 부동산의 가치를 계산할 수 있다. 현재가치를 계산할 때 한 가지 더 중요한 건 꼬마빌딩은 5년 후에도 계속해서 임대료가 창출될 수 있다는 점이다. 따라서 긴 기간 동안 임대료를 추정하여 합산해줘야 한다. 그러나 쉽지 않은 일이다. 따라서 5년을 넘어 발생하는 임대료는 '영구성장가치'라는 개념을 활용해 계산해야 한다. 여기서는 이론적인 설명을 빼고 간단하게 계산하는 방법을 설명하겠다.

5년을 넘어 발생하는 임대료를 계산하기 위해서는 우선 앞서 추정한 5년간 평균 임대료를 계산하여 기준금액을 정한다. 할인율은 5년간 현금흐름의 현재가치를 구할 때 사용했던 수치를 적용한다. 그런 다음 5년 평균 임대료(기준금액)를 할인율로 나누어서 5년을 초과해 발생하게 될 임대료 총액인 26억 7,000만 원이 계산된다. 이 임대료를 현재가치로 바꾸어 주면 23억 원이 산출된다. 이후 각 연도별 현재가치를 합산하면 꼬마빌딩의 현재가치 26억 7,000만 원이 계산된다.

꼬마빌딩을 운영하면서 얻게 될 임대료의 현재가치 합산은 부동산의 가치라고 말할 수 있다. 예에서 본 꼬마빌딩 현재가치는 약 26억 7,000만 원이 된다. 반면 꼬마빌딩 매입 가격은 30억 원이었다. 그렇다면 가격과 가치의 차이는 약 3억 3,000만 원으로 계산된다. 쉽게 말하면 부동산 가치 대비 약 3억 원 이상 비싸게 주고 샀다는 결론이 된다.

그러나 여기서 주의할 점이 있다. 조건에 따라 가치가 달라질 수 있다는 점이다. 예를 들어 기존에 적용한 할인율을 3%에서 2%로 낮추면 꼬마빌딩의 부동산 가치는 40억 원으로 크게 상승한다. 여기서 할인율은 시중 금리 혹은 투자자의 요구 수익률이 될 수 있다. 즉 시중 금리가 하락하거나 욕심(?)을 낮추면 부동산 가치가 크게 상승하게 되어 30억 원에 매입하더라도 10억 원(부동산 가치 40억 원 - 매입 금액 30억 원)의 이익이 생기는 결과가 발생한다.

부동산 투자를 할 때 가격뿐만 아니라 가치에 대한 고려가 필요

할인율을 2% 적용시 부동산 가치

단위: 원

	2020년	2021년	2022년	2023년	2024년	이후
임대료	80,000,000	80,000,000	80,000,000	80,000,000	80,000,000	4,000,000,000
차수	1	2	3	4	5	5
할인율	2%	2%	2%	2%	2%	2%
현가계수	0.98	0.96	0.94	0.92	0.91	0.91
현재가치	78,431,373	76,893,502	75,385,787	73,907,634	72,458,465	3,622,923,239

하다. 가치는 대표적으로 임대료의 현재가치 합산으로 계산할 수 있다. 부동산 가치와 가격을 비교하며 합리적인 선택을 해야 한다. 어렵지 않은 방법이다. 물론 부동산 가치도 조건에 따라서 절대적이지 않고 언제가 바뀔 수 있다. 그러나 부동산 투자의 기준이 될 수 있음은 분명한 사실이다.

이외에도 부동산 가치를 계산하는 방법에는 원가방식, 비교방식 등이 있다. 원가법은 대상 부동산을 재생산 혹은 재취득하는 데 들어가는 원가를 고려하여 부동산 가치를 계산하는 방식이다. 부동산을 매입하는 대신 신축한다면 얼마나 비용이 들어가게 되는지 계산하여 가치를 고민하는 방법이다. 예를 들면 꼬마빌딩을 현재 30억 원에 매입할 경우, 유사한 지역에 같은 규모의 빌딩을 새로 신축하는 데 들어가게 될 원가를 계산하여 부동산 가치를 계산할 수 있다. 물론 조달원가를 정확하게 계산하는 것이 현실적으로 한계를 가지고 있으나 합리적인 투자 판단을 하는 데 도움이 될 수 있다.

비교방식은 유사한 부동산 거래 사례를 비교하는 방법이다. 즉 대상 부동산과 동일성 또는 유사성이 있는 다른 부동산의 거래 사례와 비교해서 대상 물건의 현황에 맞게 수정하여 가치를 계산한다. 거래 사례 비교법으로 가치를 평가하기 위해서는 거래 사례의 선택이 가장 중요하며 거래 시점, 지역 요건 등을 적절하게 감안해야 한다. 거래 사례 비교법은 쉽게 이해가 가능하며 실증적이어서 부동산 가치 평가에서 많이 쓰이는 방법이다. 그러나 부동산의 특성상 개별 요인이 가치에 미치는 영향이 크므로 객관적인 신뢰성을 확보할 수 있느냐에 대한 고민이 필요하다.

모든 투자에서 누군가가 객관적인 지표를 제시해준다면 얼마나 좋을까? "10억 원이 적정가치이기 때문에 현재 12억 원은 너무 비쌉니다" "현재 주식 가격은 8만 원인데 적정가치는 10만 원이기 때문에 지금 매수해야 합니다"라고 말해주면 얼마나 편한 투자가 될 것인가. 그러나 어쩌면 현실에서 적정가치는 존재하지 않을 수 있다. 부동산 가치도 금리에 따라, 내가 생각하는 수익률에 따라 크게 달라질 수 있다. 그래서 '가치 계산도 결국 무의미한 것인가?'라고 반문할 수 있을 것이다.

전 미국 재무부 장관인 로버트 루빈은 하버드대 졸업식 연설에서 다음과 같이 이야기했다. "아무 생각 없이 결정해도 성공하는 경우가 있고, 깊이 생각하고 결정해도 실패하는 경우가 있습니다. 실패 가능성은 언제나 존재하기 때문입니다. 그러나 장기적으로는 더 깊이 생각하고 결정할수록 결과가 더 좋아집니다. 그리고 결과보다는 과정을 기준으로 평가할 때 사람들은 더 깊이 생각하게 됩니다."

투자할 때 가치에 대한 고민이 필요한 이유는 물론 성과를 높이기 위한 방법이기 때문이다. 그러나 더 큰 의미가 있다. 가치를 통한 고민을 통해 우리가 한 걸음 더 진보할 수 있기 때문이다. 가치를 고민하면서 투자에 대한 공부가 가능하다. 시장에서 거래되는 가격을 생각 없이 받아들이고 자기 생각과 판단 그리고 기준 없이 투자한다면 우리 투자는 한 걸음도 더 나아갈 수 없을 것이다. 100세 시대다. 그러나 고령화 시대는 절대 우울하지 않다. 투자를 통해 우리는 더욱 풍성한 노후를 만들 수 있기 때문이다. 지금부터라도 가치에 대한 고민이 필요한 이유다.

PART——4

글로벌 상장리츠에
주목하라

글로벌 상장리츠에 주목해야 하는 이유

글로벌 상장리츠 시장 규모는 2조 달러USD로 미국이 가장 큰 규모를 형성하고 있다. 리츠가 제도화된 나라는 G7 국가를 포함해 39개국이다. 전 세계 리츠 시장에서 국가별로 차지하는 비중은 미국이 약 66%이고, 다음으로 일본 7.2%, 호주 7%, 영국 4%, 싱가폴 2% 정도다.

해외 리츠 분야를 살펴보면 가장 많은 분야는 백화점, 아웃렛 등으로 구성된 유통이다. 다음으로 오피스, 주거, 물류, 헬스케어, 호텔·리조트 등으로 구성되어 있다. 전통적인 부동산뿐만 아니라 데이터센터, 인프라 등 임대 수익을 통해 안정적인 배당이 가능한 많은 부동자산이 글로벌 시장에서 중요한 투자자산으로 자리매김하고 있는 상황이다.

글로벌 상장리츠를 통해 주요 선진국의 부동산에 투자할 수 있는

글로벌 상장리츠 현황

단위: 백만 원

구분	미국	호주	일본	싱가포르	홍콩
도입	1960년	1971년	2000년	2002년	2003년
상장리츠 수	219개	34개	104개	40개	9개
유형	제한없음 (회사형, 자기관리)	신탁형, 위탁관리	회사형, 위탁관리	신탁형, 위탁관리	신탁형, 위탁관리

출처: 리츠정보시스템

장점이 있다. 또한 글로벌 상장리츠를 비교 활용해 국내 상장리츠의 현황과 가치평가도 가능하다. 즉 한국에 상장된 롯데리츠와 미국 유통리츠 가치평가 비교를 통해 투자판단에 도움을 받을 수 있다는 것이다.

지금부터는 미국, 일본, 싱가포르, 호주 상장리츠 중 산업별로 시가총액, 자산 규모가 가장 큰 리츠들을 골라 개괄적인 내용을 살펴보려 한다. 부동산에 투자할 때 가장 중요한 건 우량 부동산을 선별하는 과정이다. 따라서 대형 글로벌 상장리츠를 관심 있게 검토해볼 필요가 있다(이 책에 수록된 개별 리츠의 시가총액 등은 2019년 말 기준임).

미국 리츠
역사에
투자하라

미국 리츠는 1960년대 처음 도입된 이후 오랜 기간 동안 안정적인 투자로 검증된 자산이다. 안정성뿐만 아니라 수익성도 높다. 꾸준한 배당을 통한 수익은 물론 부동산 대체 투자자산으로 인정 받으면서 현재 미국인 중 8,700만 명 이상이 미국 리츠에 투자하고 있다고 한다.

역사가 오래되었다는 점은 리츠 투자에서 여러 가지 장점을 제공해준다. 우선 법적·제도적으로 안정적인 투자 환경을 제공해 주고 있다. 또한 시장의 신뢰를 얻기 위해 엄격한 정보 공개를 의무화하고 있다. 리츠는 상장회사보다 높은 배당의무를 가지고 있고 자금 사용에 대한 규제를 엄격하게 적용 받는다. 상장된 미국 리츠는 미국 증권규정에 따라 감독되며 주식 거래도 투명성이 강조되고 있다. 오랜 시간 동안 시행착오를 거치면서 투명한 투자 환경이 조성되어 있는 것이다.

역사가 오래되었기 때문에 리츠가 보유한 부동산은 안정성이 높다. 미국 리츠가 보유한 부동산을 보면 상당수가 시장 평균보다 높은 임대율과 낮은 공실률을 보여주고 있다. 오래 전부터 투자 부동산을 보유하고 있기 때문에 상대적으로 가치 상승이 지속되었고, 안정적인 임대가 가능한 부동산 비중이 높다.

미국 상장리츠는 장기간에 걸쳐 월등한 수익률을 보장하는 투자자산으로서 이미 검증되었다. 1972년부터 2019년 11월까지 미국 상장리츠의 연평균 수익률은 11.83%에 달한다. 일반 주식을 대표하는 다우존스 산업지수평균 수익률 7.47% 대비 매우 높다. 오랜 기간 동안 안정적인 수익성이 검증되었다.

또 다른 장점 중 하나는 미국 리츠 투자를 통해 다양한 부동산 투자를 할 수 있다는 점이다. 미국 리츠는 구성 부동산 성격에 따라 크게 12개 분야로 나눌 수 있다. 일반적인 오피스 빌딩뿐만 아니라 물류 창고, 호텔, 산림, 의료시설까지 다양한 투자가 가능하다. 심지어 극장, 농지, 카지노 등 특정 산업으로 분류된 리츠까지 상장되어 있다. 개인의 판단과 선호에 따라 다양한 부동산에 대체투자할 수 있는 것이다. 지금부터 산업별 리츠의 종류를 알아보자(미국 리츠 산업별 분류는 미국 Nareits 자료를 기본으로 작성되었다).

| 오피스 리츠

오피스로 분류된 미국 상장리츠는 18개다. 2019년 기준 오피스 리츠 전체 시가총액은 1,027억 달러로 전체 상장리츠에서 8% 비중을 차지하고 있다. 2019년 기준 수익률은 31.4%를 기록 중이며 배당수익률은 3.1%다. 오피스 리츠는 주로 오피스 빌딩을 임대해 운영한다. 최근에는 임차인이 특정되어 있는 오피스 리츠도 상장되어 있다. 대표적으로 정부 기관과 바이오 회사가 주 임차인이다.

미국 오피스 리츠에 투자할 때 가장 유심히 판단해야 할 건 부동산 입지와 임차 안정성이다. 오피스 부동산의 특성상 부동산 위치에 따라 가치, 임대료가 결정된다. 또한 향후 성장과 안정성을 고려할 때 현재 임차인이 누구인지 잔여 임대 기간이 얼마나 남아 있는지도 중요한 고려사항이 될 수 있다.

Alexandria Real Estate Equity(ARE)

1993년에 영업을 시작한 ARE는 현재 213개의 투자 부동산을 운영하고 있으며 주로 상업용 부동산을 소유하고 있다. 임대 매출비중이 높은 지역은 보스턴과 샌프란시스코 그리고 샌디에이고에 위치한 부동산이다. 투자 부동산 특징은 일반 오피스와 다르게 생명과학과 기술분야에 특화된 설비를 보유하고 있다는 점이다. 따라서 일반적인 임차인보다 제약 및 바이오 기업에 특화된 부동산 임대를 하고 있다. 시가총액은 184억 달러, 배당수익률은 2.49%이며 최근 1년간 수익률은 46.94%로 업종 평균보다 높았다.

Boston Properties(BXP)

1970년 설립되고 1997년 상장된 BXP는 보스턴, 뉴욕 등 미국 5
개 대도시에 상업용 빌딩을 보유·운용하고 있다. 오피스 빌딩뿐만
아니라 주택 및 유통시설을 투자 부동산으로 소유하고 있다. 지역
별 비중은 보스턴 32.6%, 뉴욕 26.9%, 샌프란시스코 21%, 워싱
턴DC 16%, LA 3.4%로 이루어져 있다. 시가총액은 211억 달러로
오피스 리츠 중 가장 규모가 크며 배당수익률은 2.8%다. 최근 1년
간 수익률은 28.3%를 기록 중이다.

┃ 산업 리츠

산업Industrial 리츠는 물류 부동산에 투자한다. 물류 부동산은 저장
창고, 배송센터 등이다. 최근 유통시장에서 E-Commerce 비중이 확
대되면서 물류 부동산에 대한 관심이 커지고 있는 상황이다. 현재
상장된 산업 리츠는 14개로 시가총액 1,184억 달러, 평균 배당수익
률 2.58%를 기록하고 있다.

물류 리츠에 투자할 때 고려할 요소는 임차인과 소비지 근접 여
부다. 물류 부동산의 특성상 임차인에 따라서 성장과 안정성이 달
라질 수 있다. 또한 소비지에 근접할수록 물류 부동산 가치가 높을
가능성이 크다. 위치에 따라서 운송과 저장 비용이 달라질 수 있기
때문이다.

Prologis(PLD)

PLD는 미국 물류 부동산 리츠 중 최대 규모로 1983년에 설립되었다. 현재 운영 중인 부동산은 총 3,771개에 이르고 평가금액은 1,040억 달러다. 현재 약 5,100개 회사가 PLD 물류 부동산을 이용하는 고객이다. 미국뿐만 아니라 유럽과 아시아에서 물류 부동산을 운영하고 있으며 임대비율은 97%에 이른다. 부동산 규모에 맞게 다양한 분야의 물류를 취급하고 있다. PLD의 시가총액은 577억 달러, 배당수익률은 2.32%, 수익률은 59%(YTD)를 기록했다.

▎리테일 리츠

리테일Retail 리츠는 유통 부동산을 운용한다. 주로 대형 쇼핑몰, 아웃렛, 식료품 매장이다. 리테일 리츠는 3개 분야로 구분하는데 Shopping Center, Reginal Malls 그리고 Free Standing으로 나눠진다. 현재 상장된 미국 리테일 리츠는 37개이며 시가총액 1,695억 달러, 평균 배당수익률은 5.07%다. 최근 온라인 쇼핑 성장으로 인해 리테일 리츠의 장기 성장성에 대한 우려가 커지고 있다. 이익 감소 우려가 반영되며 주가 상승률이 상대적으로 낮았다. 반면 배당수익률은 산업 평균 대비 높은 수준이다. 그러나 시장 우려와는 다르게 부동산의 개별적 특성과 사업 다각화 여부에 따라 장기 성장성 확보가 충분히 가능할 수 있다는 판단이다. 성장성보다 높은 배당수익률에 더욱 관심을 가질 필요가 있다.

이러한 관점에서 리테일 리츠에 투자할 때 중요한 고려 요소는 임대 안정성과 도심 근접성 여부다. 임대 안정성의 경우 임대 잔여 기간과 임대료 수준으로 판단할 수 있다. 도심 근접성 여부는 유통 부동산의 잠재적인 전용 가치를 의미한다. 최근 온라인 사업자로 인해 전통 유통업이 부진한 상황이다. 최악의 경우 유통 부동산의 임차인이 크게 줄어들 가능성이 있다. 따라서 부동산의 전용 가능성이 중요하다. 특히 유통 부동산에서 위치에 대한 관심을 가져야할 이유다.

Simon Property Group INC(SPG)

SPG는 시가총액 446억 달러로 1993년 설립된 미국에서 가장 큰 쇼핑몰 리츠다. 보유하고 있는 쇼핑몰을 Simon Malls, The Mills, Premium Outlets 등으로 구분, 타깃 고객층을 다양화해 사업을 운영하고 있으며 매일 방문하는 고객이 100만 명에 이르고 있다. 2019년 기준 보유하고 있는 쇼핑몰 개수는 330여 개가 넘으며 한국을 포함한 전 세계에 쇼핑몰 자산을 보유하고 있다. 배당수익률은 5.7%, 2019년 수익률은 -6.7%를 기록했다.

Realty Income Corp(O)

한국에서도 매달 고배당을 주는 주식으로 잘 알려진 Realty Income Corp는 1970년 미국의 독립 부동산 임대 사업체로 시작하여 2019년 현재 미국 49개 주와 푸에르토리코 쇼핑몰 자산을 보유하고 있는 리테일 리츠다. Realty Income Corp의 특징으로는 필수

소비재, 저가용품 등의 지속성 있는 사업군 임차인과 장기 계약을 통해 안정적인 임차구조를 지향하고 있다는 점이다. 앵커 투자자(모 母리츠 단계에 참여해 자子리츠의 자금조달과 투자정책을 총괄하는 투자자) 비중이 적고 영세 임차인에 대한 지원을 강화하여 공실률을 최소화하는 전략을 취하고 있다. 따라서 금리 인상 등의 악조건 속에서도 1994년 상장 이후 배당 삭감이 한 번도 없었던 리츠로 알려져 있다. 시가총액은 240.5억 달러, 배당수익률은 3.68%, 2019년 수익률은 21.25%다.

▌주거 리츠

주거Residential 리츠는 다양한 형태의 주거시설을 소유하고 운영하는 리츠를 말한다. 일반적으로 아파트, 기숙사, 조립식 주택 Manufactured Homes, 독신자 주택 등이다. 형태뿐만 아니라 특정 지역과 주거 계층을 대상으로 한 주거시설도 포함된다. 상장된 주거 리츠는 21개이고 시가총액은 1,886억 달러, 평균 배당수익률은 2.64%다.

주거 리츠 투자 판단에서 중요한 기준은 수요다. 미국 임대 수요의 특성상 회전율이 빠르고 불확실성이 크기 때문이다. 따라서 얼마나 안정적인 임대 수요를 가지고 있느냐가 투자판단에서 가장 중요한 점이다.

Equity Residential(EQR)

1960년대 초 미시간대학교 학생 기숙사 관리에서부터 시작한

EQR은 2019년 현재 7만 9,482개의 방으로 구성된 300여 개 아파트 자산을 보유한 미국 최대의 주거 리츠가 되었다. EQR은 주로 미국에서 가장 비싼 임대료 지역인 남부 캘리포니아 지역, 미국 동부의 워싱턴DC, 뉴욕, 샌프란시스코 등 상업지역에서 직장인을 대상으로 1인가구 임대사업을 운영하고 있다. 주로 임대료가 비싼 지역에서 사업을 운영하고 있지만 평균 연봉 15만 7,408달러의 높은 임금을 받는 임차인들이 주로 입주해 있어, 급여 대비 임대료 지급비중은 19% 수준으로 낮은 편이다. 시가총액은 300.05억 달러, 배당수익률은 2.81%, 2019년 수익률은 26.15%다.

AvalonBay Communities, Inc(AVB)

AVB는 주로 뉴잉글랜드, 뉴욕과 뉴저지 대도시 지역, 남부 캘리포니아 등에서 사업을 운영하는 주거 리츠다. 보유하고 있는 부동산은 미국 12개 주, 7만 8,345개의 방으로 구성된 269개의 아파트 자산이다. 2017년부터는 기존 사업지역에서 벗어나 소득수준이 높아지고 있는 덴버, 콜로라도, 플로리다의 남동지역에 대해 집중적으로 투자를 시작했고, 지속적인 재개발을 통해 자산의 사용가치를 높이는 사업전략을 추진하고 있다. 현재 개발 중인 자산은 9,769개의 방으로 구성된 28개 아파트다. 시가총액은 292억 달러, 배당수익률은 2.91%, 2019년 수익률은 24.08%다.

┃ 복합 리츠

복합Diversified 리츠는 다양한 부동산이 혼합된 리츠에 투자한다. 예를 들어 오피스와 물류와 결합되거나 주거와 유통시설이 함께 운영되는 부동산 리츠다. 복합 리츠는 16개 회사가 상장되어 있다. 총 시가총액은 629억 달러고 평균 배당수익률은 5.78%이다.

복합 리츠는 여러 분야의 부동산이 포함되어 있기 때문에 업황에 대한 분석보다 개별 리츠의 특성에 주목해서 투자 판단을 해야 한다. 또한 개별적 특성이 강하기 때문에 리스크에 대한 분석이 더욱 필요하기도 하다.

WP Carey INC(WPC)

1973년 설립된 WPC는 물류시설, 창고, 오피스 등 다양한 부동산에 투자하고 있다. 2019년 1분기 기준 비중은 물류 23%, 창고 21%, 오피스 26%, 유통 18%이다. 전체 보유 부동산은 1,168개로 63% 비중을 차지하는 미국뿐만 아니라 유럽 부동산에도 35% 비중으로 투자하고 있다. 유럽에 투자한 국가는 독일, 폴란드, 스페인, 영국, 이탈리아, 프랑스 등 17개국 이상이다. WPC의 가장 큰 특징으로는 평균 10년 이상의 장기 임차구조와 분산된 포트폴리오를 보유하고 있어 배당 변동 리스크가 적다는 점이다. 1998년부터 2019년까지 금융위기를 거쳤음에도 불구하고 배당금이 지속 증액되는 모습을 보여주고 있다. 시가총액은 138억 달러, 배당수익률은 5.17%, 2019년 수익률은 28.8%를 기록했다.

Vornado Realty Trust(VNO)

2,150만 평 36개의 오피스 자산, 280만 평 71개의 리테일 자산, 1,999개 방으로 구성된 11개의 아파트, 1,700개 방으로 구성된 호텔 등 다양한 자산을 보유하고 있는 VNO는 매출의 90%가 뉴욕 맨해튼 지역에 집중되어 있는 복합 리츠다. 지속적으로 매출의 70% 이상을 차지하고 있는 오피스 자산은 매년 점유율 96% 이상의 꾸준한 성과를 보이고 있다. 하지만 오피스 이외의 자산군에서 매년 NOI가 역성장하며 2014년 이후 꾸준히 NAV 대비 저평가를 받고 있다. 따라서 VNO는 회사를 분할 매각하며 주주가치 회복을 위해 노력하고 있다. 시가총액 126억 달러, 배당수익률은 5.95%, 2019년 수익률은 14.91%를 기록했다.

▌헬스케어 리츠

요양시설, 병원, 의료기관, 간호병원 등 다양한 헬스케어Health Care 부동산에 투자하는 헬스케어리츠는 17개 회사가 상장되어 있다. 전체 시가총액은 1,162억 달러이고 2018년 기준 배당수익률은 4.9%다. 헬스케어 리츠는 상대적으로 이익 성장률과 배당률이 높다. 반면 부채 비율은 상대적으로 낮은 상황이다.

헬스케어 리츠 투자 판단에서 가장 중요한 기준은 경쟁력이다. 인구 고령화에 따라 수요가 증가하는 만큼 헬스케어 시설과 설비에 대한 투자도 확대되고 있다. 따라서 차별화된 경쟁력을 보유하느냐가 향후 안정적인 실적을 낼 수 있느냐의 중요한 판단 기준이 될 전망이다.

Welltower Inc(WELL)

주로 헬스케어 시설 및 노인 주택에 투자하는 WELL은 미국에서 가장 큰 헬스케어 리츠다. 미국, 캐나다, 영국 등에 지역별로 다각화된 자산 포트폴리오를 구성하고 있으며 자산의 타입 별로 사업 운영은 Triple-Net 573개소, Seniors Housing Operating 443개소, Outpatient Medical 270개소의 총 1,400여 개 부동산으로 구성되어 있다. 현재 32만 명의 환자가 Welltower 빌딩에서 생활하고 있으며 연간 2,000만 건의 의료 서비스 방문 횟수를 기록했다. 핵심 비즈니스는 Seniors Housing Operating로 전문 파트너사와 함께 공동운영을 통해 수익을 창출하는 구조다. 상위 10개 파트너사의 전사 NOI 기여도는 50% 수준으로 상당히 높은 편이다. 시가총액은 330.93억 달러, 배당수익률은 4.27%, 2019년 수익률은 23.03%를 기록했다.

Ventas INC(VTR)

1998년 설립된 VTR은 양로원, 병원, 의료 연구시설 등을 운영하는 헬스케어 리츠다. 미국과 캐나다, 영국에서 의료 시설을 운영하고 있다. 전체 보유 부동산 수는 1,180개로 양로원 724개, 병원시설 358개, 연구시설 32개 등으로 이루어져 있다. VTR의 특징으로는 세계 최고 수준을 자랑하는 미국 의료분야의 산실인 연구시설을 보유함으로써 안정적인 임대 수익을 추구하고 있다. 특히 예일, Penn, 브라운, 듀크, 워싱턴, 애리조나주립대 등 미국 내 유수 대학에 의료 연구시설을 제공하고 있어 안정적인 운영수익을 확보하고 있다. 시가총액은 212.72억 달러, 배당수익률은 5.55%, 2019년 수익률은 3.43%를 기록했다.

| 삼림 리츠

삼림 리츠Timberland REITs는 다양한 수목을 보유한 부동산에 투자한다. 삼림 리츠의 주요 수입원은 수목 판매와, 경우에 따른 보유 토지 매각이다. 대표 상장리츠는 4개이고 총 시가총액은 302억 달러다. 평균 배당수익률은 4.26%이고 2019년 전체 수익률은 42%를 기록했다.

미국 삼림 리츠를 통해서 자연에 대한 투자가 가능하다. 일반적인 부동산 투자와 다르게 삼림 리츠를 통해 환경오염, 온난화 등 파괴되는 생태계를 보호할 수 있다. 실제로 삼림 리츠는 환경보호와 수목개량, 산림 확산을 위한 투자를 증가시키고 있다.

삼림 리츠는 기본적으로 미국 주택시장과 관련성이 크다. 주요 수입이 목재 판매를 통해 이루어지기 때문이다. 목재 사용처는 대부분 주택건설에 사용되기 때문에 주택경기가 중요하다. 이러한 점에서 미국 단독주택Single Family 착공 증가에 주목해야 한다. 주택가격 상승만큼 신규 주택 착공 수 회복이 빠른 상황은 아니다. 그러나 꾸준하게 증가하고 있다. 목재 수요의 점진적 회복이 기대되는 이유다.

Weyerhaeuser CO(WY)

1900년에 설립되어 미국 내 가장 오래된 리츠다. 또한 삼림지 보유 면적도 미국 삼림 리츠 중에서 최대 규모다. 보유 삼림지는 미국 전체 국토면적의 3%가 넘는 규모를 자랑한다. 지역별로는 서부 지역이 가장 많은 이익을 창출하고 다음으로 남쪽이다. 상대적으로 북쪽 지방은 매출 비중이 작다. 주요 사업영역은 미국 내 주택 건설업자에게 판매하는 통나무$_{Log}$와 합판 등 건설자재 판매이며 따라서 미국 내 주택건설경기와 이익의 상관관계가 높다. 또한 WY의 NAV는 토지가치 대비 상당히 낮게 평가 받고 있는데, 최근 저평가된 토지를 개발 및 판매하면서 기업가치를 상승시키고 자사주 매입 등을 통해 주주가치 환원에 힘쓰고 있다. 시가총액은 219.37억 달러, 배당수익률은 4.62%, 2019년 수익률은 45.59%를 기록했다.

Rayonier INC(RYN)

1926년 설립되어 미국 및 뉴질랜드에서 260만 에이커(1만 521제곱킬로미터)에 달하는 자산을 갖고 있다. 2011년 이후 17억 달러 규모의 삼림을 새로 취득했다. 특징적으로는 미국 내 삼림지뿐 아니라 뉴질랜드에도 전체 자산의 20% 수준인 40만 에이커(1,619제곱킬로미터) 규모의 삼림지를 보유하고 있어 수출비중이 높다. 2019년 3분기 기준 뉴질랜드 목재에서 창출된 이익은 전체 EBITDA 중 41%에 달한다. 또한 WY와는 달리 건설자재 사업부가 없기 때문에 목재 매출 비중이 큰 편이며 따라서 미국 외 지역의 제지, 펄프, 건설 등 다양한 산업과 연관이 있다. 시가총액은 42.08억 달러, 배당수익률은 3.32%, 2019년 수익률은 22.64%를 기록했다.

▎ 데이터센터 리츠

부동산 리츠 중 데이터센터는 가장 빠르게 성장하고 있는 분야 중 하나다. 데이터센터 리츠는 5개가 상장되어 있다. 2019년 말 기준 전체 시가총액은 895억 달러이다. 평균 배당수익률은 2.5%이고 2019년 총수익률은 44.2%를 기록했다. 데이터센터는 다른 리츠에 비해 투자 비용이 많이 투입된다. 단순히 건물뿐만 아니라 서버, 전력시스템, 보안 등 첨단 설비 투자가 필수적이기 때문이다. 이러한 면에서 데이터센터는 높은 진입장벽을 가지고 있다. 초기 투자뿐만 아니라 데이터센터 운영과 관리도 중요하다. 따라서 시장이 커질수록 초기 진입자들의 과점 현상은 가속화될 전망이다.

Equinix INC(EQIX)

1998년 설립된 EQIX는 미국, 유럽, 아시아 지역에서 총 203개의 데이터센터를 운영하고 있다. EQIX의 데이터센터 플랫폼은 1,800개 네트워크와 34만 8,000개 상호접속Interconnection을 통해 전 세계 2,900개 클라우드 및 IT 서비스 기업들을 연결해주고 있다. 지역별 매출비중을 보면 미국 실리콘밸리, 워싱턴DC 지역을 중심으로 미국 내 매출 비중이 49%로 가장 크며, EMEA(유럽과 중동) 지역의 매출 비중도 30%도 상당한 편이다. 주요 임차인은 아마존, 마이

크로소프트, 오라클 등 클라우드 대표기업들의 비중이 28%로 가장 크다. 데이터센터 공간을 임대해주는 Colocation 사업부와 기업 간의 데이터 교환서비스를 제공하는 Interconnection 사업부로 나뉜다. 매출비중은 72%로 Colocation이 더 크지만 최근 클라우드 환경이 중요해지며 성장성은 Interconnection이 더 높은 편이다. 최근 EQIX는 미국 외 지역에서 사업을 확장하고 있는 추세다. 시가총액은 498.98억 달러, 배당수익률은 1.68%, 2019년 수익률은 68.85%를 기록했다.

Digital Realty Trust INC(DLR)

2004년에 설립된 DLR은 본사가 샌프란시스코에 위치해 있다. 현재 215개 데이터센터를 운영하고 있으며 2,000개 이상의 고객회사를 확보하고 있다. 데이터센터는 미국을 포함하여 일본, 홍콩, 싱가포르, 호주, 남미 등 전 세계 36개 대도시에서 운영된다. 주요 고객으로는 페이스북, IBM, 오라클, 우버 등이다. 연간 평균 임대료 상승률은 2~4%이고 잔여임대 기간은 5.3년이다. DLR의 특징은 다각화된 고객을 보유하고 있다는 점이다. 임대 매출 비중 중 가장 큰 회사인 페이스북 비중은 7.2%에 불과하다. 주요 고객인 IBM, 오라클, 우버 등 20개 회사를 합친 비중은 53.5%이다. 임차인의 사업분야도 클라우드 28%, 네트워크 18%, 정보기술 17%, 금융 12% 등으로 다각화되어 있다. 시가총액은 261.31억 달러, 배당수익률은 3.6%, 2019년 수익률은 16.53%를 기록했다.

▍스페셜티 리츠

주요 리츠 11개로 구성되어 있는 스페셜티Specialty 분야는 다양한 용도의 부동산 투자로 구성되어 있다. 정부 부동산 관리, 리조트, 농지, 교정시설, 옥외광고 등 특색 있는 자산으로 운영된다. 11개 스페셜티 리츠의 2019년 평균 FFO 증가율은 4.54%로 다른 분야 대비 이익 증가율이 낮은 편이다. 반면 수익 변동성이 낮은 리츠에 속하면서도 평균 배당수익률은 6.15%에 달해 리츠 전체 평균 대비 높다.

VICI Properties INC(VICI)

VICI는 2017년 시저스 엔터테인먼트Caesars Entertainment에서 분사하여 설립된 미국 최대의 카지노 전문 리츠다. VICI의 보유 부동산은 시저스 팰리스 라스베가스, 하라스 라스베가스를 포함한 23개의 카지노, 1만 5,200개의 호텔 객실, 150개 이상의 레스토랑, 바, 나이트 클럽 등이 있다. 사업의 수익구조는 주로 활발한 경영활동을 통한 직접금융 및 임대에서 매출의 91%가 창출된다. 최근 JACK Cincinnati의 카지노 자산 인수 등 2년간 67억 달러의 자산을 취득하며 부동산 관련 사업 부문이 빠르게 성장하고 있다. 이와 함께 실적이 개선되며 재무구조 역시 빠르게 개선되고 있는 추세다. 시가총액은 116.63억 달러, 배당수익률은 4.62%, 2019년 수익률은 43.2%를 기록했다.

Gaming and Leisure Properties INC(GLPI)

2013년 Penn National Gaming으로부터 부동산 개발사업과 카지노 자산이 분할되어 설립된 GLPI리츠는 직접 운영하고 있는 카지노 2개를 제외하고는 주로 보유한 카지노를 Penn으로 다시 15년간 장기 마스터리스(통임대 후 재임대)하였고, 2016년 Pinnacle Entertainment로부터 48억 달러에 인수한 부동산 자산을 다시 10년간 Pinnacle에 리스백하는 등 주로 마스터리스를 통해 사업을 운영하고 있다. GLPI가 보유한 부동산은 현재 Penn Nation이 운영하고 있는 있는 33개, 엘도라도가 운영하는 6개, 보이드가 운영하는 동부 일리노이의 카지노 퀸 등 6개 카지노 등 46개의 부동산으로 구성되어 있다. 총 16개 주에 걸쳐 다각화되어 있으며 총 규모는 2,350만 제곱미터, 호텔 객실수는 1만 2,520개에 달한다. 보이드, 엘도라도, Penn Nation 등의 기업과 마스터리스 계약이기 때문에 점유율 100%를 꾸준히 유지하고 있다. 이로써 임차인 리스크가 최소화 되고 장기계약의 투명성이 보장된다. 시가총액은 92.83억 달러, 배당수익률은 6.34%, 2019년 수익률은 42.94%를 기록했다.

| 인프라 리츠

최근 인프라 리츠에 대한 투자자들의 관심이 커지고 있다. 경기부양을 위한 인프라 투자 확대 가능성뿐 아니라 5G 등 새로운 비즈니스를 위한 인프라 투자가 지속 확대되고 있기 때문이다. 인프라 리츠는 현재 6개 종목이 상장되어 있다. 통신과 관련된 인프라 규모가 크다. 최근 주가 상승으로 배당수익률이 평균 3% 미만으로 하락했다. 전체 시가총액은 1,899억 달러다.

American Tower Corp(AMT)

AMT는 무선 통신사, 방송사들을 대상으로 안테나 등의 무선통신 설비를 설치할 수 있는 셀타워Cell Tower(통신타워) 공간과 셀타워가 지어진 부지의 공간을 임대해주는 세계 최대 규모의 인프라 리츠다. 현재 5개 대륙에 걸쳐 17개국에 약 17만 1,000개의 셀타워를 소유 및 운영하고 있다. 주요 매출은 98%가 임대료에서 창출되며 주요 임차인은 미국 이동통신사 4대기업(AT&T, Verizon, Sprint, T-mobile)이다. 비교적 우량 임차인을 대상으로 5~10년간 장기임대 계약을 맺고 있기 때문에 배당 안정성은 상당히 높은 편이다. 또한 5G 네트워크 시대가 다가옴에 따라 셀타워 수요가 급증하는 추세이며, 임차인과의 재계약시 임대료 상승폭이 크기 때문에 장기적인 성장 잠재력 또한 높다. 시가총액은 1,012억 달러, 배당수익률은 1.65%, 2019년 수익률은 47.85%를 기록했다.

Crown Castle INTL CORP(CCI)

CCI는 미국 2위 인프라(셀타워/스몰셀) 리츠로 현재 미국 내에서 4만 개의 매크로타워와 7,500루트마일의 통신섬유망(스몰셀)을 임대 운영하고 있다. 전사 매출의 약 70%가량이 미국 4대 이동 통신사(AT&T, Verizon, Sprint, T-mobile)에서 지급하는 통신 인프라 임대료에서 발생하고 있다. 해외사업을 확대하는 경쟁사와 달리 CCI는 주로 미국 내 보유 자산을 바탕으로 사업을 영위하고 있다. 또한 사업구조 역시 셀타워 임대사업뿐만 아니라 스몰셀과 광케이블 사업을 영위하고 있다는 점이 특징이다. 시가총액은 592.3억 달러, 배당수익률은 3.21%, 2019년 수익률은 35.46%를 기록했다.

미국 리츠

단위: %, 백만 달러

구분	기업명	종목 코드	총수익률		배당 수익률 (12개월)	시가 총액
			1년	3년		
오피스	Boston Properties Inc	BXP	28.3	5.3	2.8	21,128
	Alexandria Real Estate Equities Inc	ARE	46.9	16.6	2.5	18,498
	SL Green Realty Corp	SLG	19.9	-2.9	3.8	7,242
물류	Prologis Inc	PLD	62.2	22.7	2.4	56,474
	STAG Industrial Inc	STAG	37.8	15.9	4.5	4,323
유통	Simon Property Group Inc	SPG	-7.3	-2.9	5.7	44,603
	Realty Income Corp	O	22.6	13.5	3.7	24,050
	Kimco Realty Corp	KIM	44.2	-2.0	5.7	8,364
주거	Equity Residential	EQR	29.6	11.7	2.8	30,005
	AvalonBay Communities Inc	AVB	26.8	9.2	2.9	29,221
	American Campus Communities Inc	ACC	18.0	2.5	4.0	6,376
복합	WP Carey Inc	WPC	29.7	16.6	5.2	13,798
	Vornado Realty Trust	VNO	17.5	-3.7	6.0	12,598
호텔 · 리조트	Host Hotels & Resorts Inc	HST	15.6	2.6	4.7	12,938
	Park Hotels & Resorts Inc	PK	6.1	5.0	7.5	6,059

구분	기업명	종목 코드	총수익률		배당 수익률 (12개월)	시가 총액
			1년	3년		
헬스케어	Welltower Inc	WELL	24.3	12.8	4.3	33,093
	Ventas Inc	VTR	3.5	2.3	5.6	21,272
	Omega Healthcare Investors Inc	OHI	30.5	18.7	6.3	9,197
목재	Weyerhaeuser Co	WY	39.4	3.3	4.6	21,937
	Rayonier Inc	RYN	21.1	10.0	3.3	4,208
인프라	American Tower Corp	AMT	47.5	31.7	1.7	101,261
	Crown Castle International Corp	CCI	38.5	22.4	3.2	59,230
데이터 센터	Equinix Inc	EQIX	72.5	20.1	1.7	49,898
	Digital Realty Trust Inc	DLR	21.1	10.3	3.6	26,131
스페셜티	VICI Properties Inc	VICI	41.9	-	4.6	11,663
	Gaming and Leisure Properties Inc	GLPI	43.0	20.3	6.3	9,283
	Iron Mountain Inc	IRM	1.2	4.3	8.0	8,798
모기지	Annaly Capital Management Inc	NLY	5.3	9.0	11.1	13,486
	AGNC Investment Corp	AGNC	11.6	10.2	11.3	9,590
	New Residential Investment Corp	NRZ	27.4	13.6	12.4	6,707

* 모기지 리츠의 경우 P/FFO가 아닌 P/NAV 사용

일본 리츠
다양하면서도 검증된
부동산 투자

일본 리츠는 아시아 최대 규모이며 다양한 상품 구성으로 글로벌 부동산에서 의미가 큰 투자다. 또한 오랫동안 부동산 시장 불황을 경험했기 때문에 역설적으로 리스크를 감안한 상품 운용에 탁월하다는 평가를 받고 있다.

최근 일본 리츠는 글로벌 리츠 중에서 가장 높은 수익률을 보여주고 있다. 저금리가 지속되고 있고 역대 최저 수준의 공실률이 유지되고 있기 때문이다. 또한 일본 리츠가 글로벌 지수에 편입되면서 신규 투자 자금 유입이 기대된다.

▎오피스 리츠

Nippon Building Fund INC(8951)

2001년 상장한 니폰빌딩펀드는 일본 리츠 중 가장 시가총액이 크다. 2019년 기준 보유 자산은 도쿄지구 내 Osaki 빌딩, 롯폰기 T-CUBE 등 71개의 오피스를 보유하고 있으며 평균 임대 점유율은 99.5%에 달한다. 오피스 위치는 주로 도쿄 주요 5대 업무지구CBD 내에 50% 이상, 도쿄 23구 내 29.5%가 위치해 있다. 대부분의 오피스 자산은 A등급의 고급 오피스로 2015년 이후 꾸준한 임대료 인상을 통해 매출액이 지속 증가하는 추세이며 주당 배당금 또한 매년 증가해 왔다. 주요 임차인은 미쓰이 부동산 27.1%, 소니 6.9%, 미쓰이 중공업 3.1% 등 대기업 위주로 구성되어 있다. 시가총액은 103.97억 달러, 배당수익률은 2.71%, 2019년 수익률은 18.26%를 기록했다.

| 물류 리츠

Nippon Prologis REITs INC(3283)

2012년 상장한 니폰프로로지스리츠는 일본에서 가장 큰 물류 리츠다. 현재 포트폴리오 자산 규모는 6,413억 엔이며 46개의 물류부동산을 보유하고 있다. 자산의 임대 점유율은 99%를 기록하여 사실상 완전 임대에 가깝고 모든 임대인과 100% 장기고정임대계약을 맺어 수익 안정화를 기대할 수 있다. 물류 자산의 대부분은 대도시인 도쿄 간토 지역에 55.4%, 오사카 지역에 37.5% 위치해 있어 도심의 물류 수요에 즉각적으로 대응할 수 있는 지리적 포트폴리오를 보유하고 있다. 시설 유형은 다양한 임차인을 수용 가능한 Multi-Tenant 시설이 80%, 특정 물류기업에 최적화한 Built-to-

Suit 시설이 20%를 차지하고 있다. 주요 임차인은 파나소닉, 니토리, ZOZO, 라쿠텐, 아마존 등이 있다. 시가총액은 60.14억 달러, 배당수익률은 3.26%, 2019년 수익률은 23.27%를 기록했다.

▌리테일 리츠

Japan Retail Fund Investment(8953)

2002년 3월 상장한 일본리테일펀드는 일본 최초 리테일 전문 리츠로 상장된 최대의 리테일 리츠다. 리테일 리츠의 전망 악화에도 불구하고 최근 주가 추이는 견조한 편이다. 관광객 유입이 많은 도쿄, 오사카, 나고야, 후쿠오카, 센다이 지방 주요지역에 총 자산규모 8,773억 엔 규모의 상업시설 포트폴리오로 구성되어 있으며 75%가 넘는 리테일 자산이 유동인구가 많은 CBD지역 내에 위치해 있다. 따라서 우려와 달리 임대 점유율 99% 이상을 기록하고 있다. 2020년 도쿄올림픽에 따른 외국인관광객 증가 수혜를 기대할 수 있다. 시가총액은 56.57억 달러, 배당수익률은 3.8%, 2019년 수익률은 10.64%를 기록했다.

▌주거 리츠

Advance Residence Investment(ADR, 3269)

2010년 상장하여 총 자산규모 4,522억 엔, 보유 아파트 268동, 평균 임대 점유율 96.8%를 기록하고 있는 ADR은 도쿄를 중심으로 전국에 1인 주택, 기숙사, 연립 주택 등 소형 아파트에 투자하는 주거 전문 리츠다. 도쿄 23구에 70% 이상, 기타 수도권 지역에 30% 미만을 투자하고 있다. 주요 투자 대상 유형은 15평 이하 싱글 타입의 소규모 주택에 50% 투자하고 있으며 자산의 46%가량이 고급 주거단지다. 이토츠 그룹을 주요 스폰서로 하여 주거 자산 개발 등의 지원을 받고 있으며 외부적으로 취득한 부동산에는 'Residia'라는 브랜드로 사업을 하고 있다. 일본의 매년 임금 상승률은 2%를 기록하고 있으나 주거임대료의 경우 상승률이 경직된 편으로 매출의 빠른 성장세를 기대하기는 어렵다. 그러나 공실률이 지속적으로 낮아지고 있는 추세에 있어 안정적인 측면에서 장점을 가지고 있다. 시가총액은 44.13억 달러, 배당수익률은 3.18%, 2019년 수익률은 17.53%를 기록했다.

▎ 복합 리츠

Nomura Real Estate Master Fund(3462)

2015년 상장한 노무라부동산마스터펀드는 2016년 탑리츠Top Reits 와의 합병을 통해 일본 최대 복합 리츠로 성장하였다. 오피스, 리테일, 물류, 주거, 호텔 등 거의 전 분야에서 사업을 운영하고 있으며 유형별 포트폴리오 비중은 오피스 45%, 리테일 20%, 주거 19%, 물류 17% 등 전 분야에 안정적으로 분산되어 있다. 자산의 82%가 수도권에 위치해 있으며 투자 대상 다각화뿐만 아니라 임차인 구조 또한 다각화하여 10대 임차인 비율이 26.5%로 기타 리츠에 비해 낮은 편이다. 브랜드 가치를 부여해 임대 비즈니스에서 부가가치를 향상시키는 전략을 수행 중이다. 오피스는 PMO, 주거는 PROUD FLAT, 물류는 Landport, 리테일은 GEMS 등의 브랜드를 부여한다. 시가총액은 80.92억 달러, 배당수익률은 3.41%, 2019년 수익률은 33.4%를 기록했다.

호텔 리츠

Invincible Investment CORP(8963)

2006년 도쿄 증권거래소에 TGR이라는 이름으로 상장한 Invincible Investment는 2010년 LCP Investment CORP와의 합병을 통해 일본 최대 주거 및 호텔 리츠가 됐다. 147개의 부동산 포트폴리오는 호텔 87.2%, 주거 11.6%로 구성되어 있으며 케이먼 제도에도 선샤인 스위트 리조트 등 2개의 자산을 보유하고 있다. 위치는 도쿄 주요 23개 지역 내에 33.5%, 기타 수도권 11.4%, 홋카이도 13.6%, 간사이 8.9% 등으로 다각화되어 있다. 주거 투자비율을 줄이고 호텔 투자를 늘리고 있는 추세에 있으며 대부분 고급 리조트가 주요 관광지역에 위치해 있어 일본 관광객 수요에 직접적으로 영향을 받고 있다. 포트리스 그룹Fortress Group과 스폰서 계약을 통해 자산 매입에 관한 우선매입협상권을 보유하고 있다. 시가총액은 34.95억 달러, 배당수익률은 5.46%, 2019년 수익률은 44.83%를 기록했다.

▍ 헬스케어 리츠

Healthcare & Medical Investment(3455)

2015년 도쿄 증권거래소에 상장한 Healthcare & Medical 리츠는 노약자 및 의료 서비스 관련시설에 주로 투자하는 일본 최대의 헬스케어 리츠다. SHIP HEALTHCARE, NEC Capital, SMBC 등의 은행, 자금관리 및 의료서비스 회사와 스폰서 계약을 맺고 있다. 헬스케어 리츠의 경우 부동산의 위치나 자산의 유형보다 리츠의 서비스 능력 및 관리 안정성이 중요하다. Healthcare & Medical 리츠의 경우 주요 스폰서인 SHIP HEALTHCARE로부터 병원 시설에 관한 노하우를 취득하고 의료 인력을 파견 받아 보다 전문적인 서비스를 제공하고 있다. 총 객실 수 3,071실 35개의 요양시설을 보유하고 있으며 평균 잔여 임대기간은 15년으로 긴 편이다. 부동산 자산은 도쿄, 긴키, 추부지역에 86%가 위치해 있다. 상장 이후 임대 점유율은 꾸준히 100%를 유지하고 있다. 시가총액은 3.91억 달러, 배당수익률은 4.98%, 2019년 수익률은 27.14%를 기록했다.

일본 리츠

단위: %, 백만 달러

| 구분 | 기업명 | 종목 코드 | 총수익률 | | 배당 수익률 (12개월) | 시가 총액 |
			1년	3년		
오피스	Nippon Building Fund Inc	8951	18.3	10.4	2.7	10,397
	Japan Real Estate Investment Corp	8952	20.3	7.4	2.8	9,237
물류	Nippon Prologis REIT Inc	3283	23.3	8.9	3.3	6,014
	GLP J-Reit	3281	25.9	4.5	4.0	4,790
	Japan Logistics Fund Inc	8967	29.2	8.1	3.4	2,323
유통	Japan Retail Fund Investment Corp	8953	10.6	3.7	3.8	5,657
	AEON REIT Investment Corp	3292	23.0	10.2	4.1	2,580
	Frontier Real Estate Investment Corp	8964	9.8	1.5	4.6	2,194
주거	Advance Residence Investment Corp	3269	17.5	7.4	3.2	4,413
	Nippon Accommodations Fund Inc	3226	33.7	14.3	2.9	3,078
	Comforia Residential REIT Inc	3282	27.2	13.5	3.0	2,042

구분	기업명	종목코드	총수익률		배당수익률 (12개월)	시가총액
			1년	3년		
복합	Nomura Real Estate Master Fund Inc	3462	33.4	5.6	3.4	8,092
	Orix JREIT Inc	8954	33.7	12.6	3.1	6,015
	United Urban Investment Corp	8960	24.0	8.7	3.5	5,880
	Daiwa House REIT Investment Corp	8984	20.4	2.5	3.9	5,450
호텔	Invincible Investment Corp	8963	44.8	12.0	5.5	3,495
	Japan Hotel REIT Investment Corp	8985	8.2	5.9	4.5	3,356
헬스케어	Health Care & Medical Investment Corp	3455	27.1	14.7	5.0	391
	Nippon Healthcare Investment Corp	3308	36.7	12.3	3.9	151

싱가포르 리츠
안전한
부동산 투자

2002년 시작된 싱가포르 리츠는 현재 상장리츠가 45개, 시가총액이 90조 원에 이른다. 상대적으로 부동산 시장이 크지 않은 나라에서 리츠 시장이 크게 확대된 이유는 정부의 적극적인 지원 덕분이다. 정부는 부동산 간접 투자 시장을 활성화하기 위해서 오랫동안 다각도로 리츠 투자를 지원했다.

싱가포르 리츠는 자국 부동산뿐만 아니라 해외 부동산 투자에 적극적이다. 호주, 중국, 유럽에 다수의 투자 부동산을 보유하고 있다. 싱가포르 리츠가 투자자들에게 주목 받는 이유는 안정적인 배당수익률에 있다. 최근 5년간 싱가포르 상장리츠의 배당수익률은 꾸준히 6~7%대를 유지하고 있다. 부동산 시장도 다른 나라 대비 안정적인 변화를 보여주고 있다.

오피스 리츠

Capitaland Commercial Trust(CCT)

2004년 싱가포르 증권 거래소에 상장된 CCT는 싱가포르 최초의 오피스 리츠로 초대형 오피스 빌딩인 캐피탈타워, 아시아스퀘어 타워 등에 투자하고 있다. 아시아 최대의 부동산 회사 중 하나인 캐피탈랜드CapitaLand가 스폰서로 있으며 캐피탈랜드가 개발한 양질의 오피스 자산을 우선적으로 매입할 수 있는 장점이 있다. 현재 자산의 90%가 싱가포르 주요 상업지구CBD지역 내에 위치해 있으며 해외 자산은 독일 프랑크푸르트에 갈릴레오Gallileo, 메인공항센터 등 자산가치 중 5% 정도의 오피스를 보유하고 있다. 향후 해외 오피스 자산 인수를 통해 자산가치의 20%를 해외 포트폴리오로 구성할 계획을 가지고 있다. 임대 점유율은 97% 수준이며 RC Hotels, JPMorgan Chase Bank, HSBC 등 우량 임차인이 입주해 있다. 시가총액은 57.20억 달러, 배당수익률은 4.22%, 2019년 수익률은 19.16%를 기록했다.

물류 리츠

Ascendas Real Estate Inv Trust(AREIT)

AREIT 리츠는 싱가포르 산업·물류 전문으로 최초 상장된 리츠다. 현재 싱가포르에 97개, 호주에 35개, 영국에 38개 등 글로벌로 다각화된 포트폴리오를 보유하고 있다. 싱가포르 내 자산은 Business & Science Park, R&D 자산, 물류 자산 등으로 구성되어 있으며 경공업 및 고부가가치 산업자산은 주요 주거지역과 밀집해 있고 유통 및 물류 자산은 공항과 고속도로에 인접해 있는 등 지리적 장점을 보유하고 있다. 최근 유상증자를 통해 미국 내 위치한 산업·물류 부동산 28개의 부동산을 인수 완료하여 미국 부동산 시장에도 진출하였으며, 지역별 자산 비중은 싱가포르 72%, 호주 12%, 미국 10%, 영국 6%를 차지하고 있다. 시가총액은 79.82억 달러, 배당수익률은 5.38%, 2019년 수익률은 24.27%를 기록했다.

▌ 리테일 리츠

Capitaland Mall Trust(CT)

2002년 싱가포르 증권 거래소에 S-Reits(싱가포르 리츠) 중 가장 최초로 상장된 CT 리츠는 싱가포르 중심지역 내 위치한 리테일 자산에 주로 투자하는 리테일 리츠다. 싱가포르 CBD지역 내의 Tampines Mall, Junction 8, Funan, IMM Building 등 15개의 부동산 자산을 보유하고 있으며 2,800개가 넘는 임차인이 입주해 있다. 주요 임차인은 RC Hotels, 테마섹, Cold Storage Singapore 등이다. 2019년에는 싱가포르 증시에 상장된 중국 리테일 리츠인 CapitaLand Retail China Trust의 지분 11.2%를 인수하여 중국 시장에 대한 매출도 확장하고 있는 추세다. 시가총액은 67억 달러, 배당수익률은 4.78%, 2019년 수익률은 13.44%를 기록했다.

▎ 복합 리츠

Mapletree Commercial Trust(MCT)

2011년 상장한 MCT는 Mapletree Investment가 스폰서하고 있는 리츠 중 3번째로 상장한 리츠다. 2019년 현재 총 5개의 부동산을 보유하고 있으며, 하버 프론트 지역에 위치하여 매년 5,000만 명 이상의 방문자를 유지하고 있는 싱가포르 최대 쇼핑몰인 VivoCity, 주요 상업지역인 Alexandra Precincts에 위치해 있는 290만 평 규모의 오피스 빌딩인 Mapletree Business City 등을 보유하고 있다. 시가총액은 58.59억 달러, 배당수익률은 4.12%, 2019년 수익률은 52.57%를 기록했다.

▎ 주거 리츠

Ascott Residence Trust(ART)

2019년 현재 자산가치 57억 싱가포르 달러를 보유하고 있는 ART는 아태지역에서 가장 큰 주거 리츠다. 주로 호텔, 임대주택, 기숙사 등에 투자하고 있으며 아태지역뿐 아니라 유럽 미국에 걸쳐 14개 국가의 74개의 주거 자산을 보유하고 있다. 지역별로 아태지역 58%, 유럽 25%, 미국 16%로 부동산이 구성되어 있다. 매출구조는 40%가 마스터리스 계약을 통한 안정적인 수익창출, 60%는 자산관리 계약에서 기여되고 있다. 최근 미국 내 부동산에서 발생하는 매출의 기여도가 16%로 높아지고 있는 추세에 있다. 시가총액은 21.48억 달러, 배당수익률은 5.56%, 2019년 수익률은

30.83%를 기록했다.

헬스케어 리츠

Parkway Life Real Estate(PREIT)

2019년 현재 53개의 헬스케어 자산으로 구성된 PREIT 리츠의 총 자산가치는 191억 싱가포르 달러다. 장기 임대차 계약, 지역별 다각화를 통해 수익 안정성을 확보하고 있다. 3개의 헬스케어 자산이 싱가포르에 위치해 있고 46개의 자산이 일본에 위치해 있다. 그러나 매출의 60%는 싱가포르, 40%가 일본에서 창출되고 있다. 일본 미츠이와 말레이시아 기금인 Khazanah의 출자로 이루어진 IHH Healthcare Berhad와 스폰서 계약을 맺고 IHH와의 마스터리스 계약으로 안정적인 수익을 꾀한다. 시가총액은 14.94억 달러, 배당수익률은 3.94%, 2019년 수익률은 31.92%를 기록했다.

데이터센터 리츠

Keppel DC Reit(KDCREIT)

2014년 아시아 최초로 상장된 데이터센터 리츠다. Keppel Telecommunications & Transportation이 스폰서로 있으며 Keppel T&T에서 개발한 데이터센터의 우선인수협상권을 보유하고 있다. 2012년 AUM 10억 달러, 8개의 자산으로 시작했으며, 현재 16억 달러 17개의 데이터센터를 보유하고 있다. 자산가치의 52%는 싱가포르에 위치해 있고 14%는 호주, 30%는 유럽지역에 있어 글로벌하게 다각화된 데이터센터 자산을 보유하고 있다. 현재 임대율은 93.6%, 평균 임대 만기기간은 7.7년으로 계약의 70% 정도가 2024년 이후 만기가 예정되어 있어 안정적인 사업 포트폴리오를 유지하고 있다. 시가총액은 25.54억 달러, 배당수익률은 3.37%, 2019년 수익률은 65.95%를 기록했다.

싱가포르 리츠

단위: %, 백만 달러

구분	기업명	종목 코드	총수익률		배당 수익률 (12개월)	시가 총액
			1년	3년		
오피스	CapitaLand Commercial Trust	CCT	19.8	17.1	4.2	5,720
	Keppel REIT	KREIT	11.9	11.9	4.5	3,070
물류	Ascendas Real Estate Investment Trust	AREIT	24.7	16.0	5.4	7,982
	Mapletree Logistics Trust	MLT	42.0	27.0	4.6	4,870
	Mapletree Industrial Trust	MINT	44.5	23.9	4.7	4,259
	Frasers Logistics & Industrial Trust	FLT	27.9	17.4	5.7	2,060
유통	CapitaLand Mall Trust	CT	12.0	14.2	4.8	6,700
	Frasers Centrepoint Trust	FCT	36.1	20.0	3.2	2,328
	SPH REIT	SPHREIT	13.0	9.9	5.3	2,186
복합	Mapletree Commercial Trust	MCT	49.8	26.1	4.1	5,859
	Mapletree North Asia Commercial Trust	MAGIC	7.1	14.0	6.5	2,724
주거	Ascott Trust	ART	29.6	13.5	5.6	2,148
호텔	CDL Hospitality Trusts	CDREIT	18.1	14.3	5.6	1,465
헬스케어	Parkway Life Real Estate Investment Trust	PREIT	32.8	17.0	3.9	1,494
데이터 센터	Keppel DC REIT	KDCREIT	67.1	28.3	3.4	2,554
스페셜티	National Storage REIT	NSR	13.2	14.6	5.2	1,043

호주 리츠
가능성이
큰 시장

호주 리츠A-REITs는 미국보다 늦게 도입되었지만 자본시장 발전과 제도 개선이 지속되면서 전 세계에서 가장 발전한 리츠 시장으로 자리잡고 있다. 1971년 General Property Trust(GPT) 상장으로 시작된 호주 리츠는 2019년 기준 시가총액 약 900억 달러 규모다.

신탁구조로 법인이 주주를 대신하여 자산을 소유하며 주주들에게 주식을 발행한다. 호주 리츠는 자기관리가 허용되지 않는 구조다. 따라서 단점을 보완하고자 결합증권방식을 고안해 사용하고 있다. 결합증권방식의 리츠는 자산운용회사 혹은 부동산 개발회사와 연계하여 이들의 지분을 포함하는 구조를 말한다. 이는 운용·개발회사를 소유한 효과를 발생시켜 적극적으로 부동산을 운용·개발할 수 있는 기회를 제공한다. 부동산 개발을 통한 이익 비중이 높은 이유다.

▎오피스 리츠

Dexus(DXS)

총 자산 포트폴리오 318억 달러 규모를 보유하고 있는 DXS 리츠는 호주 최대의 오피스 부동산 운영자다. 오직 호주에 부동산을 보유하고 있으며, 자산가치의 80%가 오피스, 15% 산업·물류, 5%는 헬스케어 및 기타자산으로 구성되어 있다. 최근 자산 포트폴리오의 비중을 멜버른과 시드니의 CBD지역으로 이동 중이다. 개발 파이프라인은 87억 달러 수준으로 도시화라는 메가 트렌드에 맞춰 A급 오피스 개발을 통한 자산구성을 개선 중이다. 또한 Healthcare Wholesale Property Fund, Dexus Australian Logistics Trust라는 자사 비상장 펀드를 통해 자산운용을 하고 있으며 매출의 7%가 추가적으로 자산운용에서 나오고 있다. 2019년 오피스 점유율은 98%, 산업·물류 자산의 점유율은 97%를 기록했다. 시가총액은 90.96억 달러, 배당수익률은 4.36%, 2019년 수익률은 14.82%를 기록했다.

▎물류 리츠

Goodman Group(GMG)

GMG는 글로벌을 대상으로 물류 자산을 인수 운영하는 물류 전문 리츠다. 총 자산규모 460억 호주달러를 보유하고 있으며 주요 투자 대상 지역은 호주, 아시아, 유럽, 미주지역 등 전역에 걸쳐서 있다. 지역별 이익 기여 비중을 보면 오세아니아 37%, 아시아 29%, 유럽 26%, 미주 8%로 운용 부동산이 다각화되었다. 매출은 부동산 투자, 관리, 개발 세 부분에서 창출되고 있다. 2019년 현재 부동산 개발과 관리에서 발생하는 매출이 67%로 직접 소유한 자산의 개발과 관리를 통한 매출기여도가 부동산 투자이익에 비해 높아지면서 영업마진도 지속적으로 개선되고 있다. 현재 13개국 55개 프로젝트에 걸쳐 41억 호주달러 정도의 개발 중 자산을 보유하고 있어 향후 이익률이 지속적으로 개선될 것으로 전망된다. 시가총액은 171.87억 달러, 배당수익률은 2.22%, 2019년 수익률은 28.41%를 기록했다.

▌리테일 리츠

Scentre Group(SCG)

SCG는 호주와 뉴질랜드의 럭셔리 리테일 자산을 보유하고 있는, 호주 시장에서 가장 큰 리테일 리츠다. 총 보유하고 있는 자산의 규모는 546억 호주달러이며 주요 자산으로는 41개의 Westfield centres를 소유 및 운영하고 있다. 모든 자산이 호주와 뉴질랜드 지역에 위치해 있으며 자산가치의 51%가 뉴사우스웨일스에 위치해 있다. 최근 리테일의 주요 트렌드 중 하나인 체험형 매장을 개발 중에 있으며, 총 자산의 42%가 체험형 매장으로 구성되어 있다. 시가총액은 141.69억 달러, 배당수익률은 6.11%, 2019년 수익률은 4.24%를 기록했다.

| 복합 리츠

Stockland(SGP)

호주에서 15.2억 달러 규모의 부동산 자산(소매, 물류, 주거, 은퇴자 주택)을 보유하고 있는 리츠다. 매주 84가구의 주거부동산 입주, 매일 40만 명이 넘는 유통부동산 방문객, 1만 1,000명 이상의 은퇴자생활마을 거주자 등 우량한 포트폴리오를 구성하고 있다. 포트폴리오 자산가치의 45%가 리테일, 32%가 주택, 23%가 산업용 자산으로 구성되어 있으며 매출의 70% 이상이 리테일 자산에서 나온다. 현재 시가총액은 77.53억 달러, 배당수익률은 5.91%, 2019년 수익률은 39.51%를 기록했다.

| 헬스케어 리츠

Ingenia Communities Group(INA)

호주 내 73개의 헬스케어 시설을 보유하고 있다. 자산은 대부분 호주의 동부지역(NSW, QLD, VIC)에 위치해 있으며 1.4억 달러 규모의 자산을 운영 중에 있다. 2019년 역대 최고인 336채의 신규 입주 성적을 기록했으며 호주의 빠른 고령화에 맞춰 이익개선세가 가파르게 이뤄지고 있다. 현재 노인주택에 5,100명 이상이 거주하고 있으며 개발 중인 자산은 3,700채 이상이다. 시가총액은 9.26억 달러, 배당수익률은 2.27%, 2019년 수익률은 71.33%를 기록했다.

호주 리츠

단위: %, 백만 달러

구분	기업명	종목코드	총수익률		배당수익률(12개월)	시가총액
			1년	3년		
오피스	Dexus	DXS	17.3	12.0	4.4	9,096
	Cromwell Property Group	CMW	26.8	14.1	6.2	2,142
	Centuria Metropolitan REIT	CMA	34.8	17.9	6.0	1,051
물류	Goodman Group	GMG	28.6	26.6	2.2	17,187
리테일	Scentre Group	SCG	5.3	-1.0	6.1	14,169
	Vicinity Centres	VCX	6.0	0.0	6.2	6,573
	Shopping Centres Australasia Property Group	SCP	13.8	13.3	5.5	1,765
	BWP Trust	BWP	16.1	15.2	5.0	1,762
주거	Ingenia Communities Group	INA	73.7	27.0	2.3	926
복합	GPT Group/The	GPT	12.4	9.1	4.6	7,772
	Stockland	SGP	41.8	6.8	5.9	7,753
	Charter Hall Group	CHC	56.1	38.5	3.5	3,619
	Growthpoint Properties Australia Ltd	GOZ	18.2	14.8	5.7	2,262
	Charter Hall Long Wale REIT	CLW	36.8	18.2	5.1	1,826
헬스케어	Arena REIT	ARF	23.4	21.9	4.8	604
스페셜티	National Storage REIT	NSR	13.2	14.6	5.2	1,043

PART —— 5

2020년 이후 투자,
새로운 관점이
필요하다

저금리 저성장 시대,
부동산 투자는
필수다

사람들은 "탐스러운 과실을 얻기 위해서는 큰 위험을 감수해야 한다"고 말한다. 투자에서도 마찬가지다. 투자자들은 고수익의 반대편에 고위험이 있다고 배운다. 그러나 세상에 예외란 언제나 존재한다. 위험을 최소화하면서 이익을 최대화할 수 있는 투자 방법도 분명히 존재한다.

그 중 하나는 바로 때에 맞는 투자다. 여기서 때는 '변하지 않는 변화'를 의미한다. 반드시 벌어지게 되어 있는 변화다. 이 변하지 않는 변화는 우리 주변에 수없이 존재한다. 대표적인 것이 사람은 누구나 늙는다는 것이다. 내일 아침에 해가 뜨는 것 역시 변하지 않는 변화다.

한국 경제가 변화하고 있다. 저성장이 가시화되고 있는 것이다. 고도 성장을 보인 모든 자본주의 경제가 당연히 겪어야 할 저성장은 '변하지 않는 변화'라고 할 수 있다. 이러한 저성장에 사람들이 적극적으로 대응한다는 것 역시 변하지 않는 변화다. 저성장을 '고 맙다'라며 겸허하게 받아들이는 사람도 정부도 없을 것이다. 그래 서 저성장과 금리 인하는 동반해 나타나는 현상이다.

글로벌하게 저성장에 직면하면서 많은 중앙은행들이 금리 인하 를 공격적으로 단행했다. 한국도 예외일 수 없다. 저성장과 금리 인 하가 피할 수 없는 변화라고 생각한다면 지금 왜 우리가 리츠 투자 를 생각해야 하는지도 쉽게 이해할 수 있을 것이다.

한국뿐 아니라 미국, 유럽, 일본 등 거의 모든 나라가 저금리 시 대에 돌입했다. 금리가 낮아지는 것을 넘어 일부 국가는 마이너스 금리 정책도 사용하고 있다. 마이너스 금리를 도입한 일본뿐 아니 라 유로존, 덴마크, 스웨덴 등이 마이너스 금리 정책을 사용하고 있 다. 마이너스 금리는 쉽게 말하자면 '은행에서 돈 빌리면 오히려 이 자를 준다'는 말이다.

금리가 낮아진다는 말은 화폐가치가 떨어지고 있다는 의미다. 돈 도 가치가 변화될 수 있다. 돈에 대한 가치를 판단하는 데 금리가 기준이 된다. 금리가 상승하면 화폐가치가 상승한다는 뜻이고 금리 가 떨어지고 있다는 건 화폐가치가 하락하고 있다는 의미다. 화폐 는 3가지 기능을 가지고 있다. 가치의 척도, 결제수단 그리고 가치 의 보존수단이다. 금리가 낮아지면 화폐에 대한 투자가치가 떨어진 다는 의미도 될 수 있다.

금리가 3%일 때 은행에 현금 1,000만 원을 입금하면 1년 후 이자를 30만 원 받게 된다. 금리가 2%로 인하되면 이자가 20만 원이 된다. 이자가 줄어들면 투자자 입장에서 은행에 현금을 예금할 유인이 점점 사라지게 된다. 반면 마이너스 금리가 되면 은행에 돈을 맡기면서 오히려 수수료를 내야 한다. 실제로 독일과 스위스의 몇몇 은행에서는 고액 예금에 대해 수수료를 징수하는 사례가 나오기 시작했다. 한국도 마찬가지다. 한국도 기준금리가 지속 인하되고 있다. 현재 한국 기준금리는 1.25%로 역대 최저수준이다. 당분간 저금리 기조는 유지될 가능성이 크다.

금리가 낮아지고 돈의 가치가 하락하게 되면 상대적으로 부동산 가치는 상승한다. 대부분의 연구 조사에서도 금리와 부동산 가격은 정도의 문제이지 음$_{(-)}$의 상관관계를 갖는 것으로 조사된다. 따라서 저금리가 지속되는 상황에서 부동산 투자는 선택이 아닌 필수다. 돈 가치 하락으로 부동산 가격이 상승할 가능성이 높기 때문이다.

최근에도 전 세계적으로 금리 인하가 지속되면서 부동산 가격이 지속 상승하고 있다. 글로벌 23개 주요국 주택 실질가격 지수를 보면 2019년 2분기에 107.88(2005=100)을 기록하여 역대 최고치를 경신했다. 주택가격뿐만 아니라 상업용 부동산 가격도 지속 상승 중이다. 상업용 부동산은 2019년 기준 과거 최고치보다 무려 34%가 상승했다. 서브프라임 이후 저금리가 가속화되면서 부동산 가격 상승이 계속되었다. 향후에도 부동산에 대한 관심이 필요한 이유다.

기준금리가
낮아지는 이유는 무엇인가?

금리는 화폐 공급과 수요에 의해 결정되기에 그 변화에 따라 움직이면서 시장을 조율할 수 있는 역할을 할 수 있다.

예를 들어 경기가 불황이어서 소비를 하기 위한 화폐 수요가 줄어들면 금리가 하락해 다시 투자가 증가한다. 이후 소비가 회복되며 경기 역시 회복되고 다시 화폐 수요가 증가할 수 있다. 이 상황에서 금리는 다시 상승할 수 있다. 닭이냐 달걀이냐 정확히 나눌 수는 없지만 확실한 건 화폐시장이 금리를 통해 조율된다는 사실이다.

그러나 사람이나 시장은 기다릴 수 있는 인내력이 부족하다. 시중 금리가 내려가기 전에 혹은 올라가기 전에 미리 상승시키고 하락시켜야 한다. 경기가 위축될 때는 미리 금리를 낮춰 화폐 수요를 증가시켜야 하고 경기 호황이 전망될 때는 미리 금리를 올려 화폐 수요를 감소시켜야 한다. 모든 나라에서 중앙은행이 기준금리를 결정하는 이유다. 우리나라에서 기준금리는 한국은행 기준금리를 말한다. 만약 한국은행의 기준금리가 인상되면 대출금리도 자연스럽게 인상된다.

2019년 한국은행은 기준금리를 1.5%에서 1.25%로 역대 최저 수준까지 하향했다. 경기가 위축되면서 물가 상승률이 둔화될 것을 우려해 선제적으로 기준금리를 인하한 것이다.

통화정책 완화를 통해 경제가 다시 성장할 수 있도록 돕겠다는 의미로 해석이 가능하다. 결국 기준금리가 낮아지는 이유는 경기가 안 좋고 저성장이 우려되기 때문이다. 그렇다면 저금리가 지속된다는 전망은 '경기가 지속적으로 안 좋아진다'는 의미로 해석할 수 있다.

경기가 불확실하다면
가장 피해야 할 것은
실물 부동산 투자

불확실한 미래에 대응하기 위해 가장 우선해서 고려할 것은 유동성이다. 불확실하다는 말은 변동성을 의미한다. 투자에서 변동성이 커지면 그에 대응할 수 있는 유동성을 확보해야 한다. 투자에서 불확실성을 줄이고 수익률을 높이기 위한 가장 현명한 방법은 유동성을 확보해 변화에 대처하는 것이다. 이러한 점에서 마이클 모부신이 《통섭과 투자》에서 설명한 '불확실성에 대처하는 방법'을 명심할 필요가 있다.

1978년 1월 3일부터 2007년 3월 30일까지 S&P500 지수의 일일 변동추세를 보면 배당을 제외한 지수 수익률이 연 9.5%에 달했다. 변동 추세를 살펴보면 변화 방향이 흥미롭다. 같은 기간 동안 하위 50일을 제외하면 수익률은 연 18.2%로 상승한다. 반면 상위 50일을 제외하면 수익률은 연 0.6%로 하락한다. 전체 통계자료의 모호성을 줄이기 위해 실제 데이터를 그대로 이용하여 '규모와 특성은 똑같지만 분포만 정규분포로 바꾼 무작위 표본'을 추출했다. 여기서 수익률 하위 50일을 제외하면 수익률은 연 15.2%로 바뀐다. 그리고 수익률 상위 50일을 제외하면 수익률은 연 3.5%가 되어, 실제 데이터 결과인 연 0.6%보다 훨씬 높다. 조사 결과는 '주식시장은 정규분포가 아닌 탓에 이상치(異常値)가 장기 수익률에 미치는 영향이 훨씬 크다'는 점을 알려준다. 또 하나 유의할 것은 '주식시장에서는 이상치가 무작위로 나타나지 않고 무리 지어 나타난다'는 점이다.

투자 관점에서 바라보면 부동산 시장도 유사한 형태를 가진다. 꾸준하게 가격 변화가 이루어지지 않고 이상치가 나타나서 전체 수익률을 변동시킨다. 또한, 특정기간에 집중되어 가격 변화가 이루어진다. 이러한 변화와 불확실성에 대응하기 위해서는 유동성을 확보해야 한다. 이상적으로 가격 변동이 이루어지는 기간에 대응할 수 있기 때문이다.

이러한 점에서 부동산 투자는 상당히 취약한 구조를 가지고 있다. 왜냐면 쉽게 팔고 살 수 없기 때문이다. 시장에서 바로 사거나 팔 수 없기 때문에 불확실성에 대비할 수 있는 유동성이 크게 떨어진다. 또한 상대적으로 고가인 경우가 많고 레버리지 효과를 극대화하기 위해 대부분 대출을 이용해 부동산을 매입하기 때문에 경기 변화에 민감하게 대응하기 어렵다.

불확실한 경기 전망,
유동성 확보가 절실하다

저금리 시대이기 때문에 부동산에 투자해야 하지만, 반대로 경기 불확실성이 커졌기 때문에 유동성 확보가 필요하다. 부동산에 투자하면서 유동성도 확보할 수 있는, 즉 언제든지 사고 팔고 적은 금액으로 투자할 수 있는 부동산은 없을까?

수 많은 사람들이 서울 아파트, 강남 부동산에 몰입해 있다. 그러나 엄밀히 고민할 필요가 있다. 투자 개념으로 봤을 때 지금 서울 아파트에 투자하는 건 과연 좋은 선택일까? 저금리 시대를 맞아 명확한 '투자' 차원에서 생각해 보자. 최근 들어 서울 아파트 가격 상승률이 하락하고 있다는 점에 주목하자. 물론 절대 가격도 지속 상승했지만, 단위당 금액이 커지면서 상승률이 하락하고 있다는 점은 충분히 고려해볼 필요성이 있다.

정부의 규제도 강화되고 있다. 정부는 2019년 12월 16일 부동산 안정화 대책을 발표했다. 역대 정부에서 볼 수 없는 강력한 대책이다. 정부 안정화 방안의 방향성은 우선 대출을 규제해 무리한 주택 수요를 줄이겠다는 것이다. 12·16 부동산 안정화 대책에서 역대 최강의 대출 규제 방안이 나온 이유다. 또한 보유세와 양도세를 강화해 투자 수요를 줄이고 시장에 매물을 증가시키겠다는 목표다.

가격 상승률이 둔화되고 정부 규제는 지속적으로 강화되는 상황에서 서울의 고가 아파트는 투자 불확실성이 확대되고 있다. 저금리임에도 불구하고 서울 아파트 투자에 유의해야 하는 이유다.

국내 경기 불확실성도 확대되고 있다. 경제 성장률은 둔화되고 있고 대외적 환경도 결코 편안한 상황이 아니다. 2019년 한국 경제 성장률은 2.0%다. 과거 2% 후반대와 3% 대를 오가던 경제 성장률이 2% 초반대로 고착화되는 모습이다. 게다가 끊임없이 이어지는 글로벌 경제 환경 변화는 수출 비중이 큰 한국 경제에 불확실성을 더욱 가중시키고 있다.

유동성이 확보된 부동산 투자 상장리츠

상장리츠는 부동산 투자이면서도 유동성까지 확보된 자산이다. 주식시장에 상장된 리츠는 주식처럼 언제든지 사고 팔 수 있다. 리츠는 부동산 임대 수익률을 수익 원천으로 삼는다. 일반적으로 이루어지는 수익형 부동산 투자와 유사한 형태를 가지고 있다. 또한 리츠는 주식과 부동산 투자의 장점을 동시에 가지고 있다.

저금리로 부동산 투자가 필요한 상황에서 경기 불확실성까지 가중되고 있다. 리츠 투자 확대가 필요한 이유다. 이러한 판단으로 2019년부터 리츠에 대한 투자자들의 관심이 크게 증가하고 있다. 실제로 2019년 글로벌 투자자산의 성과를 살펴보면 리츠는 주식과 채권 대비 높은 주가 상승률을 보였다.

단기적인 투자 장점뿐만 아니라, 장기적으로도 리츠는 다른 투자 자산 대비 높은 수익률을 달성하고 있다. 1972년부터 2019년 현재까지 미국에 상장된 리츠의 연평균 수익률은 11.8%였다. 반면 다우존스 산업평균지수Dow Jones Industrial Average는 7.47%에 그쳤다. 리츠는 '부동산 투자'라는 특성을 가지고 있기 때문에 장기로 갈수록 주식에 비해 높은 수익률은 보여주는 것으로 나타난다.

유동성이 확보된 부동산 투자라는 장점 덕에 리츠는 연금 자산 등 장기적으로 안정적인 수익이 필요한 투자 방법으로 널리 쓰이고 있다. 미국의 경우 약 8,000만 명 이상이 리츠에 투자하고 있으며, 일본에서도 리츠를 통해 퇴직 연금 등 자산이 운용되고 있다.

2020년 이후 투자,
어떻게 바꿔야 하나

기업은 가계부와 유사한 손익계산서와 대차대조표를 작성한다. 손익계산서는 기업이 일정기간 동안 얼마나 벌었는지에 대한 내용이고 대차대조표는 현재 얼마나 재산을 가지고 있는지를 나타낸다. 개인의 가계부는 대부분 손익계산서라 할 수 있다. 한 달 동안 얼마를 벌었으며 어디에 돈을 썼는지 작성하지만, 재산 현황보다는 수입과 지출에 더욱 관심을 가진다.

다들 절약해야 한다고 말한다. 수입과 지출을 꼼꼼하게 기록하고 분석해 지출을 줄여야 한다고 한다. 그러나 틀렸다. 긴 호흡에서 투자하고 자산을 불리기 위해서는 대차대조표, 즉 재산 상황에 더욱 관심을 가져야 한다. 부자들도 절약하며 지출을 줄이는 경우가 많은데, 그 이유는 재산 상황을 체크하다 보면 순자산(내 돈) 증가를 자연스레 즐기게 되기 때문이다. 부자가 되기 위한 덕목은 '안 쓰는게' 아니라 재산 불리는 재미를 즐기는 것이다.

현재 내가 가지고 있는 재산과 빚은 얼마인지 그리고 그 재산이 무엇으로 이루어져 있는지 정확하게 파악해야 한다. 그리고 나서 재산을 어떻게 효과적으로 증가시킬 수 있는지 해답을 찾아야 한다. 부자가 되기 위한 첫 작업은 정확한 재산 파악이다.

▌내 재산부터
▌계산해보자

지금부터 각자 재산을 파악해 보자. 어렵지 않다. 내가 가지고 있는 부동산, 예금, 주식, 보증금 등은 자산이고 은행에서 빌린 돈, 부동산 대출금은 부채다. 자산에서 부채를 빼면 순자산이다. 개인마다 가계마다 다르다. 과정이 어떻든 순자산이 많으면 좋은 것이다.

스스로는 순자산을 쉽게 파악할 수 있는데 다른 사람들은 어떤 상황일까? 통계청이 매년 발표하는 가계금융 복지조사 결과를 보면 우리나라 가계가 순자산을 얼마나 가지고 있는지 쉽게 알 수 있다. 꼼꼼히 한국 가계의 재산을 살펴보자.

2018년 3월 말 기준 한국 가구의 평균 자산은 4억 1,573만 원으로 조사되었다. 2017년 대비 7.5% 증가한 규모다. 자산 구성을 보면 금융자산이 1억 512만 원으로 25.3% 차지했고, 실물자산은 3억 1,061만 원으로 74.7%를 차지하고 있다. 자산을 보았으니 부채를 보자.

한국 가구의 평균 부채는 7,531만 원으로 2017년 대비 6.1% 증가했다. 부채는 금융부채 5,446만 원과 임대 보증금 2,085만 원으로 구성되어 있다. 자산과 부채금액을 알았으니 이제 순자산을 계산할 수 있다. 자산에서 부채를 뺀 2018년 기준 한국 가계의 순자산, 진짜 본인 재산은 3억 4,042만 원으로 계산된다.

그렇다면 순자산은 어떤 항목으로 이루어졌을까? 순자산의 구성 항목을 구별하기 위해서 우선 자산 유형을 살펴보자. 전체 가구의 자산 4억 1,573억 원 중에서 금융자산은 1억 512만 원으로 전체 자산 중 25%를 차지한다. 금융자산은 저축 7,841만 원과 전·월세 보증금 2,671만 원으로 구성된다. 자산 중에서 74.7%를 차지하고 있는 실물자산은 부동산 2억 9,177만 원(거주주택 1억 6,895억 원)과 기타 1,883만 원으로 이루어져 있다. 전체 자산 중에서 70%가 부동산으로 이루어져 있다. 상당히 높은 비중이다.

순자산으로 고려하면 부동산 비중은 더욱 증가한다. 순자산 대비 부동산 자산 비율을 고려하면 86%로 크게 상승한다. 쉽게 말해서 우리나라 평균 가구 순자산 중 부동산이 차지하는 비율이 무려 85% 이상을 차지하고 있다는 얘기다. 주요 선진국 중 가계 자산에서 부동산이 차지하는 비중이 4분의 3을 넘어서는 나라는 한국이 유일하다.

부동산 가격 상승, 세대별 빈부격차를 확대시키고 있다

2018년 기준 가구당 평균 순자산은 2017년보다 1,664만 원(4.1%)

증가했다. 순자산이 증가하는 건 긍정적인 모습이다. 다만 그 내용을 보면 부동산 등 금융자산이 2009년 통계 작성 이후 가장 큰 폭으로 증가했고 금융자산 증가폭은 역대 가장 작았다. 자산은 증가하고 있지만 원인은 부동산 가격 상승이 대부분이었다.

부동산 가격이 상승해서 자산이 증가하는 것이 긍정적일 수는 있다. 그러나 문제는 세대별 차이가 커지고 빈부격차가 확대되고 있다는 점이다. 세대별 부동산 자산을 파악해 보면 우선 보유 부동산 중에서 거주 주택비중이 가장 큰 세대는 30대와 40대다. 부동산 중에서 실제로 거주하는 주택 비중을 살펴보면 30세 미만은 72%, 30대는 68%, 40대는 61%, 50대는 56%, 그리고 60세 이상은 55%로 조사된다.

부동산 가격이 상승할 때 거주 주택은 평가금액이 상승할 뿐이지 매각을 통해 순자산을 확보하기는 어렵다. 반면 2주택 이상이거나 수익형 부동산을 보유한 가구는 부동산 가격이 오르면 실제 자산이 증가하는 효과가 있다. 부채비율도 큰 차이를 보이고 있다. 세대별로 부동산에서 담보대출이 차지하는 비중을 보면 30세 미만은 35%, 30대는 28%, 40대는 21%, 50대 15%, 60세 이상은 8%에 불과하다. 연령이 높아질수록 투자 부동산 비중이 높고 오히려 부채비율은 낮은 상황이다.

전체 자산에서 부동산이 차지하는 비중은 30세 미만이 36%, 30대는 60%, 40대 66%, 50대는 68%, 60대 이상은 78%다. 부동산 가격이 크게 상승한 상황에서 거주 외 부동산을 보유한 50세 이상세대가 부동산을 매각하면, 부동산 비중이 적은 30대가 그 물건을 매입하는 상황이 나올 수도 있다.

2019년 이런 현상이 현실화되었다. 2019년 연령별 주택구매 비율을 살펴보면 20%에 그치던 30대 구매 비율이 30% 중반까지 상승하게 된다. 주택가격이 급등하면서 뒤늦게 30대가 주택구매에 뛰어든 것이다. 주택가격이 크게 상승하자 30대는 실거주 주택을 보유하기 시작했고, 50대 이상은 투자 부동산을 팔고 있다. 이러한 현상이 지속되면 세대별 빈부 격차, 특히 순자산 격차는 더욱 확대될 가능성이 크다.

과도한 실물 부동산 비중이 경제를 위협한다

가계 자산 중 부동산 비중이 높아진 이유 중 하나는 다주택자 증가다. 아파트 가격이 지속 상승하면서 거주 주택 외 투자 목적의 주택 매입이 증가한 것이다. 통계청 주택소유통계에 따르면 개인별 소유 주택이 2채 이상인 다주택자 수는 2012년 163만 명에서 2018년 219만 명으로 증가했다. 연평균 증가율 5.7%를 기록했고, 전체 주택 소유자 중 15.6%가 2주택 이상을 보유하고 있다. 1주택자 수도 같은 기간 1,040만 명에서 1,182만 명으로 증가했지만 연평균 증가율은 2.3%에 불과했다. 가구로 따지면 2주택 이상 소유한 가구 수는 2015년 272만 가구에서 2018년 308만 가구로 연평균 4.4% 증가했다.

다주택자 증가는 지난 몇 년간 급격한 아파트 가격 상승의 주요 원인이었다. 문제는 투자 목적의 주택 소유가 부동산 가격 변동을 크게 만든다는 점이다. 미국 연방준비은행의 〈다주택 구입과 주택시장 거품 및 붕괴〉 보고서에 따르면 미국 주택시장을 분석한 결과 신규 주택담보대출 가운데 다주택 구입 비중이 2000년 21%에서 부동산 가격이 급등했던 2006년에는 36%로 급격하게 증가했다. 이후 서브프라임 사태를 거치면서 다주택 구입 비중이 다시 20%로 떨어졌다.

　다주택자 비중이 증가하면서 가격이 급등했고 다주택자가 감소하면서 가격이 급락했다는 분석이 가능하다. 지역별로 살펴보더라도 다주택자 신규 대출이 몰렸던 지역에서 가격 변동폭이 컸던 것으로 조사된다.

　과도한 실물 부동산 투자 증가는 부동산 시장 변동성을 키울 뿐만 아니라 경제에서 가장 중요한 소비에도 영향을 미칠 가능성이 크다. 한국은행 조사에 따르면 부동산 가격 상승에 따른 자산 효과(자산가격 상승이 소비 증가로 이어지는 효과)는 고령층으로 갈수록 낮아진다. 지속된 부동산 가격 상승은 부동산 비중이 높은 고령층의 자산을 증대시키는 역할을 했다. 그러나 고령층은 소비를 상대적으로 적게 하기 때문에 자산 증가가 소비 확대로 이어지지 않고 있는 상황이다. 경제 전반적으로 부동산 가격 상승이 경제 활성화에 도움이 되고 있지 않은 이유이기도 하다.

　뿐만 아니라 소비성향이 상대적으로 높은 30~40대가 이미 오를 대로 오른 주택 구입에 뒤늦게 나서고 있는 것도 한국 경제에 또 다른 악재가 될 가능성이 크다. 주택담보대출 이자와 원금 상환액이 커지면서 소비를 더욱 위축시킬 가능성이 크기 때문이다. 과도한 실물 부동산 비중은 한 가계뿐 아니라 장기적으로 한국 경제에 크나큰 위협이 될 수 있다.

변화를 대비하기 위한 투자가 필요한 시점

지금까지 언급한 가계 자산은 평균 개념이다. 물론 평균이 나와는 동떨어진 이야기일 수도 있다. 그러나 중요한 것은 평균을 통해 변화를 읽고 미래에 대비해야 한다는 점이다. 한국 가계의 부동산 비중이 높다는 것은 명확한 사실이며, 이렇듯 높은 부동산 비중으로 인해 경기 변동에 취약한 구조를 가지고 있다는 점은 명백하다. 미래를 예측할 수는 없지만 대응해야 한다. 이러한 관점에서 높은 부동산 비중은 분명 문제가 될 수 있다. 우리 자산에 변화가 필요한 이유는 분명해졌다.

이러한 변화의 관점에서 세계 최고의 헤지펀드 투자자인 레이 달리오의 말을 경청할 필요가 있다. 그는 변화를 대비하기 위해 자산 관리 측면에서 3가지 충고를 던진다.

우선 '얼마나 저축해야 하는지' 생각해야 한다. 얼마나 저축할지 결정하는 데 가장 좋은 방법은 한 달에 얼마나 소비할지 정하는 것이다. 매달 얼마나 저축할지 계산해보고 수입 없이 몇 달을 살 수 있을지에 대해서도 계산해야 한다. 저축을 가치 있게 여겨야 하고 정확하게 계산해야 한다. 저축을 해야 자유롭고 안정적으로 살 수 있기 때문이다.

두 번째는 '어떻게 저축을 잘하는지'에 대한 것이다. 가장 안전한 방법이긴 하지만 현금으로 보관하는 건 최악의 투자방법이다. 자본주의에서는 인플레이션이 지속적으로 발생하기 때문이다. 인플레이션은 매년 1~2% 정도 발생하는데 이는 현금 가치를 계속 낮추는 역할을 한다. 즉 가계는 지속적으로 '인플레이션세'를 내고 있는 셈이다. 따라서 현금 보유보다 다른 자산에 계속 투자해야 한다고 조언한다. 투자는 장기적으로 현금보다 높은 수익이 가능하기 때문이다.

투자할 때 중요한 것은 분산투자다. 이것이 자산관리에서 가장 중요한 세 번째 조언이다. 레이 달리오는 "미래를 예측할 수는 없지만 확실한 건, 투자한 자산 중 하나 정도는 분명 언젠가 처참한 손실을 낼 가능성이 있다"는 점을 강조한다. 심하면 저축한 자금의 절반 이상을 잃을 수도 있다. 따라서 "여러 자산과 나라에 분산 투자해야 한다"고 조언한다.

마지막으로 투자를 제대로 하기 위해서는 대중이 말하는 것과 반대로 해야 한다. 왜냐하면 시장은 대중의 행동을 반영하기 때문이다. 아무도 사려고 하지 않을 때 매수할 수 있어야 하고 아무도 팔려고 하지 않을 때 매도할 수 있어야 한다. 타이밍이 중요하다.

레이 달리오에 따르면 현재 한국 가계는 최악의 상황으로 치닫고 있다. 주택구입 부담 증가로 이자비용과 원금 상환액 역시 증가하면서 수입 없이 살 수 있는 기간이 감소하고 있다. 향후 금리가 상승한다면 상황이 악화될 가능성이 더욱 크다. 그렇다면 투자를 잘해야 하는데 대부분 실물 부동산 투자에 쏠려 있다. 만약 부동산 가격이 하락한다면 순자산에서 부동산 비중이 80%를 넘은 한국 가계가 얼마나 버틸 수 있을까?

마이클 모부신은 그의 책에서 "불확실성이 존재하는 세상에서 미래를 예측할 수는 없다"고 강조한다. 따라서 섣부른 예측에 따른 판단보다, 대처하고 대응하기 위한 전략과 투자가 필요하다. 이러한 관점에서 한국 가계의 높은 부동산 투자 비중은 심각한 고려가 필요한 상황이다. 높은 부동산 비중 때문에 불확실한 미래를 대비하기 점점 더 어려운 상황으로 치닫고 있기 때문이다. 늦지 않았다. 이제부터 변화가 필요하다. 변화를 위해서는 우선 치밀한 현실 인식이 먼저 필요하다.

부동산 실물 투자, 불확실성이 커지고 있다

사람들이 가지는 확신과 믿음은 어디에서 올까? 일반적으로 사람들은 강렬한 경험을 한 뒤에는 기계적으로 반응하는 경향이 있다. 즉 지금 벌어지고 있는 일이 영원할 것이라고 착각한다. 과거를 통해 미래를 예측하는 선형적 사고 때문에 확신과 믿음이 생기게 된다. 그러나 빠르게 변화하는 세상에서 과거는 다시 반복될 가능성이 낮다.

지속 상승한 주택가격, 기업의 매출 성장률, 주가 상승률이 과연 향후에도 지속될 것인가? 매출액 1억 달러 이상의 미국 상장사들을 조사한 결과에 따르면, 기업 크기가 커질수록 성장률의 중간값은 매우 안정적이지만 분산은 의미 있게 좁혀지고 있다. 즉 규모가 커질수록 성장률은 둔화될 수밖에 없다는 점이다. 성장률이 높아서 대기업이 되었지만, 대기업이 된 이후 고용 증가율은 정체되는 현상을 우리는 쉽게 볼 수 있다.

하락하고 있는
서울 아파트 가격 상승률

서울 아파트를 중심으로 가격이 급등하자 상승률은 오히려 둔화되고 있다. 자연 법칙이다. 야생에서 덩치가 큰 동물이 많지 않은 이유를 곰곰이 생각해볼 필요가 있다. 물론 절대 가격이 지속 상승하고 있기에 실수요자를 중심으로 불안감은 계속될 수 있다. 그러나 투자 관점으로 세상을 바라본다면 판단이 달라질 수 있다. 높아진 가격과 상승률은 지속되지 않으며 변화 가능성이 있다. 전문가들과 언론이 한껏 난리 치는(?) 상황에서도 우리는 그러한 증거를 발견해야 한다.

가격이 변동하는 원인은 두 가지다. 수요 증가와 공급 감소다. 가격이 오르고 내리는 것에 대한 정당성을 부여하기는 힘들지만 투자 관점에서 보면 상승 원인을 정확하게 파악해야 한다. 그래야만 내가 지금 사려는 가격, 팔려는 가격이 어느 정도인지 판단할 수 있기 때문이다.

지난 몇 년간 서울을 중심으로 한 가격 상승 원인은 공급 감소였다. 가격이 상승하면서 거래량이 줄어들었기 때문이다. 경제학에서 균형 가격이 결정될 때 가격이 상승하고 거래량이 감소하는 경우는 공급 감소가 원인이다. 주목할 점은 현재 거래 가격을 결정하는 주택 공급이 실제 건설되는 아파트 총량만을 의미하는 건 아니라는 사실이다.

일반적으로 주택 공급을 '주택 허가, 신규 아파트 분양 그리고 입주를 통한 아파트의 총량'이라고 생각한다. 그러나 주택가격을 결정하는 공급은 이러한 신규 공급 관련 총량이 아니라 매도 공급(물량)이다. 서울 아파트 총량은 계속 증가해왔다. 그럼에도 불구하고 공급 감소로 가격이 상승하는 이유는 무엇인가? 주택 가격이 오를 때마다 언론과 전문가들은 '공급 부족'에서 원인을 찾는다. 아파트가 부족해서 가격이 오르고 있다는 논리다. 따라서 '집값을 낮추는 유일한 방법은 주택공급(신축) 확대'라는 주장이다.

그러나 현재 가격 결정을 주도하는 공급은 엄밀히 말하면 시장에 내놓은 매도 물량이다. 최근 들어 과천 아파트 가격이 급등했다. 과천 아파트 중에서 50% 정도가 재건축에 들어가면서 향후 공급 증가 기대감이 어느 때보다 큰 상황이었다. 그럼에도 불구하고 매도 물량이 크게 감소했기 때문에 아파트 가격이 오른 것이다. 서울 아파트 가격 상승도 마찬가지다. 최근 서울 아파트 가격이 가파르게 상승한 이유는 다주택자를 중심으로 집을 보유한 사람들의 매도 물량이 크게 감소했기 때문이다.

매도 물량을 측정할 수 있는 '거래 회전율'을 살펴보면 서울이 2019년 11월 누적 기준 4.05%를 기록하여 최근 4년 평균 8% 대비 크게 감소했다. 거래 회전율이 4%라는 의미는 거래 아파트가 속한 단지가 100세대라고 하면 그 중에서 4채만 거래되었다는 의미다. 매물의 증감을 파악할 수 있는 수치라 할 수 있다.

그간의 아파트 가격 상승은 낮은 금리와 부동산 가격 상승에 대한 기대감으로 시장 매물이 감소한 것이 주요 원인이었다. 서울을 중심을 한 부동산 가격 상승에 대한 불확실성이 커진 이유가 여기에 있다. 주택시장에서 수요는 가격에 대해 비정상적으로 반응할 가능성이 크다. 가격이 상승하면 수요를 줄여야 하는데, 추가적인 가격 상승에 대한 우려와 기대감이 커지면서 오히려 수요가 증가하는 특성을 가진다. 따라서 수요가 증가하는 상황에서 공급(매도물량) 감소는 가격을 비정상적으로 크게 상승시킨다.

낮아지고 있는 수익형 부동산 수익률, 공실률이 더욱 큰 문제

조물주 위에 건물주가 있다고 한다. 쓴웃음을 짓게 하는 이야기다. 그만큼 한국에서 부동산을 통한 수익이 월등한가? 2019년 기준 서울 오피스 빌딩의 투자 수익률은 8.5%다. 중대형 상가는 7.6%, 소규모 상가는 7%, 집합상가는 7%다. 여기서 투자 수익률은 전체 수익률을 의미하며, 임대료 등 운영에 따른 소득 수익률과 부동산 가격 증감에 따른 자본 수익률을 합한 것이다. 어떤가? 조물주가 부러워할 만큼 높은 수익률인가?

물론 부동산의 경우 대출을 통해 구입하는 경우가 대부분이기 때문에 일반적인 투자 수익률보다 자기자본 수익률이 높을 수 있다. 그러나 부채를 감안하더라도 서울 오피스 빌딩 임대 수익률이 4%에 못 미친다는 사실은 많은 이들이 생각하는 것보다 높은 수익률이라고 볼 수 없다.

최근 서울 상가 공실률이 상승하고 있다. 2019년 4분기 서울 주요 상권 중대형상가 공실률을 보면 이태원 26.4%, 혜화동 13.7%, 시청 10.9%, 청담 8.8%, 잠실 10.1%, 압구정 7.4%, 광화문 3.7%를 기록했다. 공실률은 지속 상승하는 상황이다. 저성장이 지속될수록 상가에 대한 수요가 감소하고 자영업자 간 격차가 커질 가능성이 높다. 따라서 수익형 부동산 임대에 따른 불확실성도 점차 커질 전망이다. 전국 소규모 매장용 공실률은 2019년 3분기 기준 5.9%인 상황이다. 매우 높은 수준이다.

낮아지는 수익률, 높아지는 공실률뿐만 아니라 보유에 따른 세금 부담도 더욱 커질 전망이다. 정부는 세율 인상과 공시지가 현실화를 통해 주택을 포함한 부동산 보유에 따른 세금을 지속적으로 인상시키고 있다. 그 동안 수익 관점에서 한국 부동산에 투자하기 편했던 이유는 낮은 세금 때문이었다. 부동산 실효 세율로 계산하면 한국은 0.2% 내외로 전 세계에서 가장 낮은 국가 중 하나다. 미국은 1% 이상인 것으로 조사된다.

오랫동안 한국에서 부동산 투자가 각광받은 이유는 높은 가격 상승에 따른 자본이익 기대감이 컸기 때문이다. 그러나 지금 시점에서 과거에 누리던 영화(榮華)가 지속될 수 있을까에 대한 의문을 가질 필요가 있다. 유발 하라리는 《사피엔스》에서 현대 사회의 냉혹한 논리에 대해 다음과 같이 이야기했다.

"중세 유럽의 귀족들은 값비싼 사치품에 돈을 흥청망청 썼지만,

농부들은 한 푼 한 푼을 아끼면서 검소하게 살았다. 오늘날은 상황이 역전되었다. 부자는 자산과 투자물을 극히 조심스럽게 관리하는 데 반해 그만큼 잘살지 못하는 사람들은 빚을 내서 정말 필요하지도 않은 자동차와 TV를 산다. 자본주의 윤리와 소비지상주의 윤리는 동전의 양면이다. 이 동전에는 두 가지 계율이 새겨져 있다. 부자의 지상 계율은 '투자하라!'이고 나머지 사람들 모두의 계율은 '구매하라!'다."

현재 한국 부동산을 사야 한다면 그것은 투자하는 것인가? 구매하는 것인가? 투자로 세상을 본다면 하락하는 수익률, 확대되는 불확실성을 보면서 어떤 결정을 내려야 하는가? 의문을 가져야 하는 이유다.